北京市社会科学基金项目

|光明学术文库｜法律与社会书系｜

城市精细化治理的北京经验研究

汤文仙　薛雨石 ❙ 著

光明日报出版社

图书在版编目（CIP）数据

城市精细化治理的北京经验研究 / 汤文仙，薛雨石著 . -- 北京：光明日报出版社，2022.8
ISBN 978-7-5194-6726-5

Ⅰ.①城… Ⅱ.①汤… ②薛… Ⅲ.①城市管理—精细化—经验—北京 Ⅳ.① F299.271

中国版本图书馆 CIP 数据核字（2022）第 140428 号

城市精细化治理的北京经验研究
CHENGSHI JINGXIHUA ZHILI DE BEIJING JINGYAN YANJIU

著　者：汤文仙　薛雨石	
责任编辑：郭思齐	责任校对：张月月
封面设计：中联华文	责任印制：曹　净

出版发行：光明日报出版社
地　　址：北京市西城区永安路 106 号，100050
电　　话：010-63169890（咨询），010-63131930（邮购）
传　　真：010-63131930
网　　址：http://book.gmw.cn
E - mail：gmrbcbs@gmw.cn
法律顾问：北京市兰台律师事务所龚柳方律师

印　　刷：三河市华东印刷有限公司
装　　订：三河市华东印刷有限公司
本书如有破损、缺页、装订错误，请与本社联系调换，电话：010-63131930

开　本：	170mm×240mm		
字　数：	168 千字	印　张：	11
版　次：	2022 年 8 月第 1 版	印　次：	2022 年 8 月第 1 次印刷
书　号：	ISBN 978-7-5194-6726-5		
定　价：	85.00 元		

版权所有　　翻印必究

前　言

21世纪以来，我国推动了全球规模最大、速度最快的城镇化进程，城镇化率从2000年的36.22%提高到2020年的63.89%。大量的人口进入城市，创造了前所未见的经济繁荣。城镇化让城市人口膨胀、城市资源陡增，交通拥堵、能源紧缺、环境污染等各种城市问题频发。城镇化进程中城市病不断凸显，随之而来的城市治理问题给城市管理部门带来了挑战。

党的十九大提出"加强和创新社会治理"。习近平总书记强调，要注重在科学化、精细化、智能化上下功夫，推动城市管理手段、管理模式、管理理念创新，加快推动城市治理体系和治理能力现代化。作为新时代中国特色社会主义思想的重要组成部分，城市治理是社会治理的重要内容，城市管理进入精细化治理的新阶段，治理难题亟待在精细化理论和实践上得到双重破解。本课题正是在这一大背景下展开的，立足新发展阶段，贯彻新展理念，坚持以人民为中心，全面分析城市发展的阶段性特征，系统梳理城市治理过程中的经验做法和问题短板，提出中国城市精细化治理的发展路径具有时代价值。

基于北京经验研究城市治理，促进"北京经验"完善与发展，为其他城市治理提供"中国路径"是本研究的着眼点。党的十八大以来，习近平总书记多次视察北京并指示要提高城市精细化管理水平，特别是在中央政治局常委会审议《北京城市总体规划（2016—2035年）》时明确指出，城市治理要注重精治、共治、法治，提高城市精细化管理水平，构建有效的超大城市治理体系。北京市对形成有效的超大城市治理体系，提高城市精细化管理水平进行了有益的探索，取得了实实在在的成果。为此，我们分别从市级层面的城市治理的体制机制改革、区级层面的城市精细化治理的改革实践和街区层面的城市精细化治理的创新探索对北京经验进行案例剖析。我们认为，从"吹哨报到"改革，到"接诉即办"，再到党建引领首都基层治理现代化，重构了市区、街道等城市治理构架的管理体制和运行机制,成为以实践为导向的超大城市治理在体制机制改革的一种新的探索,形成一批可复制、可推广的城市治理的北京经验。

本书是在北京市哲学社会科学基金资助课题的研究成果基础上撰写而成的,由于水平和时间所限,尚有不足之处,恳请同行和读者不吝批评指正。同时,希望与更多的同仁加强在这一领域的交流,为提升城市治理理论做出更大的贡献。

本书的编辑出版过程中得到了首都城市环境建设研究基地相关人员的大力支持与配合,特别是光明日报出版社的大力支持,在此表示衷心感谢!

目 录
CONTENTS

第一章　城市治理与城市治理的理论基础 · 1

　　第一节　现代城市与城市管理 · 1

　　第二节　我国城市发展与精细化治理 · 4

　　第三节　与城市精细化治理相关理论 · 10

第二章　城市治理的历史逻辑与实践逻辑 · 15

　　第一节　我国城市治理的探索路径与实践 · 15

　　第二节　我国城市治理思想体系的演进与形成 · 18

第三章　城市治理的现实背离与困境分析 · 24

　　第一节　精细化管理对北京市的现实要求 · 24

　　第二节　北京市精细化管理的困境 · 28

第四章　城市精细化治理的权变因素与体系 · 33

　　第一节　城市精细化管理的研究现状 · 33

　　第二节　影响城市精细化管理的权变因素 · 36

第三节　城市精细化治理体系的理论模型 …………………… 46

第五章　城市精细化治理的北京经验与实践 ………………………… 48
　　第一节　市级层面：城市治理的体制机制改革 ……………… 48
　　第二节　区级层面：城市精细化治理的改革实践 …………… 55
　　第三节　街区层面：城市精细化治理的创新探索 …………… 59

第六章　提升城市精细化治理的专题视角 …………………………… 66
　　第一节　党建统领与基层治理 ………………………………… 66
　　第二节　整体治理与统筹管理 ………………………………… 73
　　第三节　精细化治理与组织体系 ……………………………… 84
　　第四节　区块链技术与治理赋能 ……………………………… 90
　　第五节　绩效管理与城市治理 ………………………………… 103
　　第六节　城管执法与重心下移 ………………………………… 109
　　第七节　城市治理与智慧城市 ………………………………… 116
　　第八节　垃圾分类与环境治理 ………………………………… 124
　　第九节　退休老干部与社区治理 ……………………………… 147

第七章　城市精细化治理的"中国路径"与建议 …………………… 154
　　第一节　城市精细化治理"中国路径"的提出 ……………… 154
　　第二节　完善城市精细化治理"中国路径"的建议 ………… 156

参考文献 ………………………………………………………………… 163

第一章 城市治理与城市治理的理论基础

城市是人类社会经济文化发展的结晶，是人类进步和社会文明的标志，自从有了城市，人类便开始了城市管理这一实践活动，对城市治理与精细化相关理论进行全面梳理，最终将精细化管理理念视角贯穿于城市治理的方方面面，是课题研究的理论基础。

第一节 现代城市与城市管理

现代城市是一定空间区域内经济社会发展的系统核心，作为人类社会文明进步的重要载体，在有限的地域空间内，不断集聚经济社会发展中的各类资源要素，形成高度集中的人口、经济、政治、文化、物质设施以及专业化的社会组织并与周围环境相互作用的开放的有机整体，为现代化建设提供引擎动力。

基于以城市为对象的治理，对城市管理有广义和狭义的理解。城市政府对城市行政辖区内一切人、事、物的管理，对城市规划、建设和运行所进行的决策引导、规范协调、服务与经营等行为，涵盖了社会管理、经济管理、市政设施建设与管理、安全与秩序维护、环境整治等多元事务管理，涉及的管理部门多、管理对象广、管理事务杂。狭义的城市管理通常是指市政管理，即与城市建设、运行相关联的城市基础设施、公共服务设施和社会公共事务的管理，目的是维护城市生命线的健康正常运转。如市政设施、建设管理、交通管理、市容环卫、园林绿化、房屋管理、水利水务、生态环境、城市安全等领域的管理。

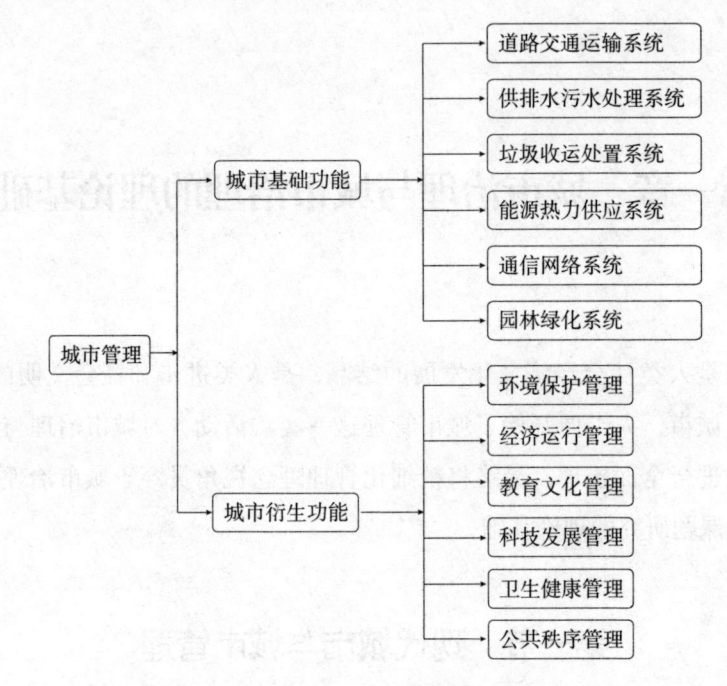

图1-1　广义、狭义的城市管理范畴

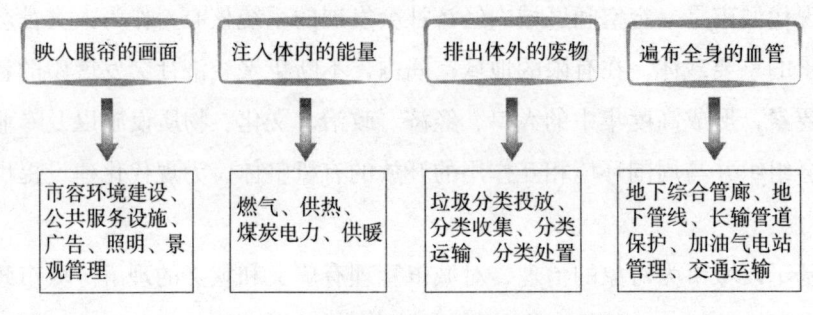

图1-2　城市管理部门视角的城市管理

城市管理工作者形象地把城市比作一个有机体[①]，城市管理概括为四个方面，一是"映入眼帘的画面"，包括景观环境和市容卫生。二是"注入体内的能量"，包括电、气、热、暖等。三是"排出体外的废物"，包括垃圾的全流程管理和处置。四是"遍布全身的血管"，即道路和各类管线。

从世界发展的现状和趋势来看，全球许多城市都在经历经济、社会、法

---

① 海淀新闻.海淀区城市管理委员会（交通委员会）主任赵寒在2021年海淀区"两会""一把手访谈"栏目，用"绣花功夫"提升城市精细化治理水平［EB/OL］.（2021-01-15）［2022-06-14］. https://baijiahao.baidu.com/s?id=1688948207111633783&wfr=spider&for=pc.

律制度等方面的深刻嬗变，城市管理也不例外。传统的城市管理往往是以政府行政命令为工作指向，是自上而下式单向和垂直管理，在管理方式和手段上往往是突击式、运动式、动员式、强制式执法管理，忽视群众参与城市治理的主体作用。在城市管理的实践中，在诸多领域和环节，随着社会和技术的变化，城市管理发生不断的规则变化，表现在资源使用、模式、方法与手段上选择行为发生变化。伴随着管理理念的变化，为公众和非公营部门提供参与城市治理的机会和可能，以提高城市治理的效率和效益。城市管理的一个重要的变化就是从政府管理向政府与民众共同管理，即公众的城市治理参与转变。"治理"是对单向度的"管理"理论的超越，其特征可以概括为治理主体多元化、权力关系网络化、治理方式多样化、治理领域公共化。

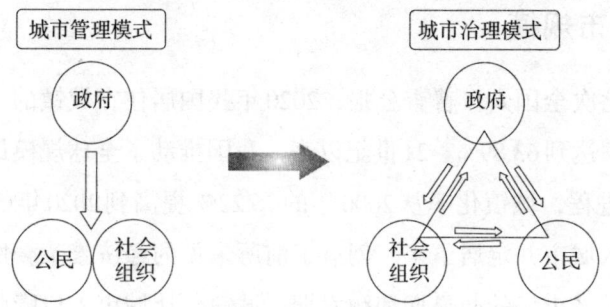

图1-3　我国历次人口普查城镇化率

城市治理的主体发生根本性的变化，公众、非公营部门在涉及城市治理和城市发展的方方面面都积极而有效地参与其中。公众的参与从根本上改变了管理者与被管理者的角色定位，使二者从对立关系变成伙伴关系，使得管理变得更加便捷、有效。治理规则从总体性控制到合作治理，其本质就是权力关系互动模式的变化，网络化的嵌入性机制能够在地位平等的基础上通过协商、合作来确保治理网络中的各个要素相互联系。多元共治的城市治理拓宽社会各界参与政府决策和城市公共事务管理渠道，必然跳出政府的单一方式，政府成为"掌舵而不是划桨"，充分发挥民间组织的力量，吸纳民间组织积极地参与城市治理，多样化的治理方式应运而生，如国外的社会工作制度、非诉讼纠纷解决机制等，国内的"吹哨报道""接诉即办"、街巷长等。治理领域公共化体现出"更加注重社会公平"的政策取向，在过程公平、机会均等和结果均等的基础上，推进城市公共治理领域的改革。如疫情期间，老年人在运用智能产品方面遇到困难，解决老年人面临的"数字鸿沟"问题，通过互联网应用适老化改造，更加有利于实现社会公平的老年优待模式。

第二节 我国城市发展与精细化治理

2015年中央城市工作会议明确提出：我国城市发展已经进入新的发展时期。城市发展在带动快速城镇化进程和经济社会现代化进程的同时，城市系统规模叠加效应与承载应力对城市治理发展提出了严峻挑战，城市治理难题亟待在精细化理论和实践上得到双重破解。

一、城市规模

根据第七次全国人口普查公报，2020年我国居住在城镇的人口为9.02亿人，城镇化率达到63.89%。21世纪以来，我国推动了全球规模最大、速度最快的城镇化进程，城镇化率从2000年的36.22%提高到2020年的63.89%。大量的人口进入城市并定居下来，创造了前所未见的经济繁荣。快速城镇化阶段往往是各种城市病的凸显期和频发期，城镇化让城市人口膨胀、城市资源陡增，往往产生交通拥堵、能源紧缺、环境污染等城市问题。城镇化进程中城市病不断凸显，随之而来的城市治理问题给城市管理部门带来了挑战。

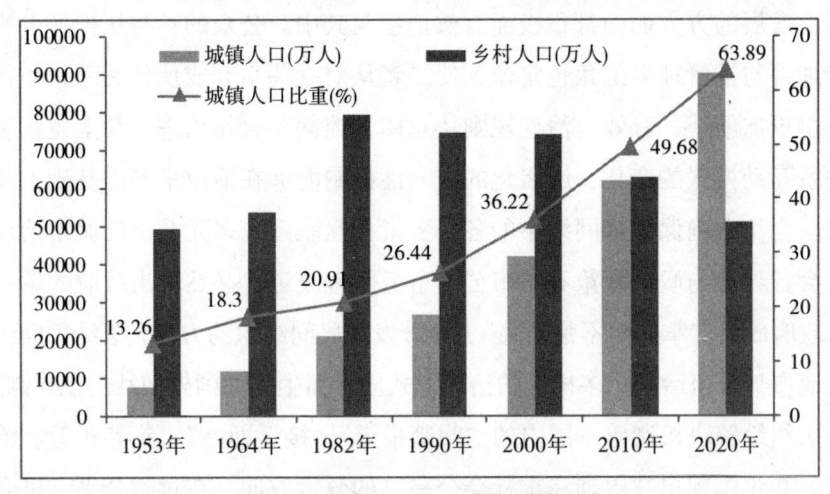

图1-4 我国历次人口普查城镇化率

目前，我国超特大城市数量越来越多，截至2020年，我国超大城市有上海、北京、深圳、重庆、广州、成都、天津7个，特大城市有武汉、东莞、西安、杭州、佛山、南京、沈阳、青岛、济南、长沙、哈尔滨、郑州、昆明、大连14个。以上21个超特大城市的建成区面积为17279.52平方千米、占全国国土面积的0.18%，城区人口占全国人口的14.4%，占全国城镇人口的22.5%，GDP占全国的32.9%。未来几年，合肥市、长春市、石家庄市、苏州市等有可能通过各种形式进入特大城市行列。这些超特大城市的空间规模、人口体量、发展能级巨大，在经济版图、政治版图中占据极为重要的位置。超特大城市使城市治理成为一个复杂程度极高的巨系统，因为规模体量更大、人口结构更复杂、流动性更高，超特大城市呈现出风险密集性、连锁性、叠加性强等特点，成为潜在的风险积聚中心，风险一旦发生便往往难以控制。

表1–1 我国的超大城市和特大城市分布

城市层级	城市	常住人口（万人）	城区人口（万人）
超大城市7个（城区人口1000万以上）	上海	2487	1987
	北京	2189	1775
	深圳	1749	1744
	重庆	3205	1634
	广州	1868	1488
	成都	2094	1334
	天津	1387	1093
特大城市14个（城区人口500万～1000万）	武汉	1245	995
	东莞	1047	956
	西安	1218	928
	杭州	1194	874
	佛山	950	854
	南京	931	791
	沈阳	907	707
	青岛	1007	601
	济南	920	588
	长沙	1005	555
	哈尔滨	1001	550
	郑州	1260	534
	昆明	846	534
	大连	745	521

数据来源：国家统计局

二、管理事务

目前，城市治理工作往往成了城管部门的"独角戏"，政府部门用各种方法治理"城市病"，但依然难以摆脱"头痛医头"的窘境。对政府在城市治理方面出台政策的诟病，已经直接影响到了城市居民的区域归属感和幸福感。面对满足人民美好生活的需要，推动城市发展由外延扩张式向内涵提升式转变，从而实现对城市管理对象精准定位的新型城市管理模式。为找到治理"大城市病"的良方和避免后发城市再次陷入"大城市病"的困境，高起点的精细化管理成为城市政府的首选。城市政府须精准应对城市公共问题和提供公共服务，打破传统模式，形成多元化的城市治理责任主体和跨部门、跨领域的协同治理模式，这些体制机制的改革创新必然伴随着精细化城市治理的推进而深入。

城市规模的快速扩张，我国特有的城市社区管理方式从单位制变为社区制，单位制的解体导致大量依托于单位制进行的管理释放到社会，政府与社会关系重新组合，城市政府面临的管理事务更加宽泛，涉及城市政治、经济、社会、环境的方方面面，管理任务激增。城市规模变得巨大，管理难度也发生变化，体现为城市管理呈现出前所未有的高度复杂性与高度关联性。高度复杂不仅是指由中小城市向超大城市转变带来的管理技术复杂程度的提升，还包括城市管理问题的复杂程度激增；高度关联性是指越来越多的问题纠葛在一起，不同层面的行政职责履行往往涉及诸多的管理部门和层级，同时还有大量管理任务不能清楚区分管理责任的隶属，管理责任的可辨识度越来越低，管理难度激增。随着市民生活质量和素质逐步提高，人民对城市的高效运行、交通快捷、绿色环境等拓展功能要求已经远远超出了传统城市治理范畴，与相对简单的传统功能相比，管理内容更加广泛、职能事务更加繁杂。"只要是没人管的，都是城管的"已不是一句戏言。

表1-2 我国城市管理中的典型问题

问题类型	典型问题
市政道路	道路反复开挖、道路破损、地下管线问题、立交桥积水、市政管线堵塞、路灯不亮、路标不清、路牌丢失、交通路面标识不清等

续表

问题类型	典型问题
供热供气	供暖温度不达标、天然气保修不及时、收费不合理等
市容景观	占道经营、私搭乱建、乱设广告、广告文字错误、门店面貌不整、垃圾乱堆、污水肆意排放、缆线乱牵乱挂等
城市环境	经营噪声、餐饮油烟、交通噪声、露天烧烤、道路扬尘、音响设备噪声等
市场管理	无照商贩、街头游商、店外经营、消费纠纷、假冒伪劣商品、消费卡商户跑路、培训机构不退费等
城市交通	道路拥堵排除不及时、公交等待时间不合理、公交配套设施不更新
交通管理	道路道口人车不分离、交通护栏位移、不戴头盔、不礼让行人、横冲直撞、超载超速、交通违章处理异议、城市道路停车难与秩序差、非法运营等
公共安全	消防、防汛、电动自行车上楼、食品卫生不达标、销售过期变质食品、消防设施缺失或更新不足、通道堆放杂物等
物业管理	物业服务质量差、水平低，老旧小区综合治理，配套设施不完善，公共绿地维护不及时、小区停车紧张、停车乱象，小区电梯故障隐患，私加车锁，垃圾分类桶箱不清洁、垃圾清运不及时、垃圾分类管理缺失等

由于管理执法手段单一、模式僵化，城市治理执法人员成为被动应付公共事务的"救火队员"，管理执法成本与风险居高不下。城市系统的演进规律与管理能力提升的不匹配，势必加剧城市系统的失衡。城市成长的快速性和管理内容的复杂性，不可避免地会引致程度深、复杂性强、关联性强的各类城市管理难题，粗放式的城市治理模式已经不能适应现代城市日益复杂的管理要求，众多部门合力解决城市难题的局面还有待突破，创新公共管理和精细化治理模式成为必然。

三、城市风险

众所周知，人们在享受城市发展所带来的经济红利和社会进步的同时，也面临着城市安全风险管理的挑战。维持城市正常运转已不只是城市治理的基本特性，其背后的城市规划建设、环境秩序、应急管理、民生服务等功能交织与关系整合，使城市治理的风险性和脆弱性急剧加大，城市公共安全问题已经成为城市治理的一个重要组成部分，是与城市规模和民生息息相关的系统工程。城市公共安全问题一般分为自然灾害、事故灾难、公共卫生、社会安全四大领域。我国城市公共安全主要风险与灾害类型如表1-3所示，既包括经济社会发展、公共资源供给、环境资源保护、社会冲突协调等常规性治理，也包括对金融危机、恐怖袭击、流行疾病等突发事件的危机应对和处理。

表1-3 我国城市公共安全主要风险与灾害类型

风险类型	具体灾害类型
自然灾害	暴雨、冰雪、雾霾、大风、地震、洪涝旱灾、地质灾害、森林火灾、海洋灾害等
事故灾害	安全生产事故、重大的交通事故、环境污染事故、超高层建筑火灾事故、城市路桥事故等
公共卫生	重大传染病疫情、重大动植物疫情、食品安全事件等
社会安全	社会治安、环境污染（有时是认知偏差）、工程开工、金融投资、拆迁安置等经济社会问题引发的群体性聚集、学校安全事件、重大刑事案件、个人极端事件等

近年来，庞大的人口规模、复杂的社会系统和脆弱的生态环境使得特大城市面临的公共卫生安全风险尤为严峻。城市突发事件呈高频次、多领域发生的复杂态势，由于缺乏有效的信息沟通与联动处置机制，城市居住人群结构层次复杂，各种利益格局的重构容易引发各类矛盾纠纷，给社会和谐稳定带来很多不安定的因素。从被动走向主动，提高突发事件应急能力的城市精细化治理成为必然。坚持问题导向，将事后应急响应转变为事前的预测预判，进一步建立健全体制机制，运用精治、共治和法治思维破解城市管理难题，提升维护城市公共安全的行动能力。

四、社会转型

改革开放以来，市场化、全球化、技术进步推动中国经济社会不断发展，我国的社会阶层、城乡结构、收入结构、就业结构、文化结构发生了深刻的变化，经济增长、社会稳定、阶层分化、民众参与等涉及经济社会的重大问题在较短的时间同时出现，"单位人"转变为"社会人"，再加上人户分离现象突出、老龄化程度加深等特殊情况，给社会管理和公共服务带来很大压力。随着中国社会转型的不断推进，城市治理的外在环境发生较大变化。社区形态发生深刻变化，传统的"熟人社区"越来越少，速成的"陌生社区"越来越多。社会结构日益复杂，不同社会阶层的利益需求形成不同的利益取向和价值取向，人们在满足"安全需求"和"温饱需求"后，导向更高层次的社会性和精神性追求。社会诉求的变化，产生的城市公共问题也不断增多，这些都直接或间接地影响着与城市居民密切联系的城市治理工作，要求城市治理模式也要随之发生变化。在信息化发展迅速的背景下，信息传播方式发生深刻变化，微博、微信等自媒体快速发展，人们自由表达意愿、权利意识大大增强，思想意识的独立性、多样性、多变性特征逐渐凸显，利益主体日益多元、群众需求趋于多样。

表1-4 近年来出现的需要关注的城市问题

事件描述	思考关注
2021年7月，郑州持续多日遭受暴雨袭击，此次极端性强降雨造成郑州市区严重内涝，市内交通中断，移动数字生活方式瞬间陷入瘫痪。多处区域停电停水，地铁列车被洪水围困，致多人死亡。	①全球城市极端天气下的韧性城市建设；②保护生命线系统的城市应急系统建设；③城市数字化发展如何摆脱依赖通信网络的问题。
2021年7月28日，地铁12号线旅顺站，一位老人通过地铁安检，安检人员要求其出示个人健康码，该乘客未能提供并执意进站，在此过程中该乘客情绪激动。	①关注城市老人等特殊群体并给予更多关怀；②数字城市时代下，"适老化"智慧产品的开发和传统产品的"适老化"改造。
2020年6月17日，萧山机场范围内出现多架无人机，导致机场航班大面积延误。甚至有航班不得不在机场上空盘旋近一个小时，以求安全降落。	①无人机、无人驾驶汽车等新鲜事物出现，可能引发的城市安全问题；②对无人设备的有效管控，对网格管理、城管执法和立法方面的挑战。

续表

事件描述	思考关注
2018年1月23日,郑州航空港区一名广告牌安装工人在执法人员将施工用的梯子带走后,从三楼顺着绳索滑下楼时不慎坠亡。	①城管在执法过程中严格遵循法定程序问题;②社会舆情导致事件扩大后的政府回应。
2021年11月,住房和城乡建设部针对我国城市发展进入城市更新重要时期所面临的突出问题和短板,决定在北京等21个城市(区)开展第一批城市更新试点工作	①如何解决公共要素的公益属性和产权归属与多元化供给主体之间的矛盾;②如何解决有限的利益补偿方案与激发市场更新动力之间的矛盾;③如何解决设计标准与公共要素提升目标之间的矛盾。
高速发展中的中国城市,正在遭遇"垃圾围城"之痛。2019年7月,上海市推行生活垃圾强制分类行动,之后北京、天津等各大城市陆续开始实施垃圾分类。	①如何提高居民对垃圾分类的准确投放率低的问题;②对生活垃圾不投放、混投的行为如何开展城管执法;③小区物业、分类志愿者等在垃圾分类工作中的责任与作用。

经济结构多元化、社会阶层多样化、利益诉求复杂化带来现代城市的治理难题,一些城市在处理城市执法过程中发生的偶然性或突发性事件中,城市治理执法工作经常被群众误解和指责,负面新闻连续不断,产生了极其不利的负面影响,充分体现出城市治理变得越加复杂,需要改进城市治理方式,坚持系统治理,必须不断加强城市精细化管理治理体系和城市治理能力建设,将参与、协商、合作等理念融入城市治理工作中,展现出城市治理不同于垂直层级管理的灵活性,须有效降低城市治理的成本与风险,形成精细化管理的组织体系、管理手段、管理流程和治理模式。

第三节 与城市精细化治理相关理论

城市治理的理论背景是治理(Governance)理论。20世纪以来,随着西方国家城市化的推进,西方学者率先对城市治理进行研究,先后产生了大都市政府理论、公共选择理论、新区域主义理论、地域重划与再区域化理论等理论范式。

一、社会治理理论

传统治理模式一般以政府为主要行动者,以层级制为主要组织特征。进入20世纪90年代后,随着志愿团体、慈善组织、社区组织、民间互助组织等社会自治组织力量的不断壮大,它们对公共生活的影响日益加深,理论界开始重新反思政府与市场、政府与社会的关系问题。治理理论的兴起,进一步拓展了政府改革的视角。治理理论指出,社会治理的主体不仅仅是政府,也包括社会中的私人部门和非政府组织等,主张社会多元主体共同参与社会治理,强调公众与政府的协同治理。政府与多元治理主体通过合作、协商以及设立共同目标等方式,可以实现公共事务的共同管理。针对如何克服治理的失效,不少学者和国际组织提出了"善治(Good governance)"概念。"善治"是使公共利益最大化的社会管理过程。它的本质特征在于政府与公民对公共生活的合作管理。它强调政府与公民的良好合作以及公民的积极参与,实现社会治理的真正"善治"。

二、协同治理理论

协同治理理论可追溯到德国物理学家赫尔曼·哈肯创立的协同学(Synergetics),之后它成为社会治理理论研究的一个新发展,强调在开放的系统中寻求有效的治理。全球治理委员会对"协同治理"的界定被公认为是最具代表性和权威性的:"协同治理是个人、各种公共或私人机构管理其共同事务的诸多方式的总和,它是使相互冲突的不同利益主体得以调和并且采取联合行动的持续的过程,其中既包括具有法律约束力的正式制度和规则,也包括各种促成协商与和解的非正式的制度安排。"[1]一般而言,政府作为社会治理的重要主体,承担着制定政策法规、管理监督社会组织和提供部分公共服务的责任;社会组织等其他主体则起到直接为社会公众提供公共服务的作用。协同治理要求多元主体充分发挥好各自在城市治理中应有的作用,在从传统城市管理转向城市治理的变革中,政府应逐步向社会组织转移部分职能,建立良性运转的城市共治新模式。

---

[1] 联合国全球治理委员会.我们的全球伙伴关系[R].伦敦:牛津大学出版社,1995:23.

三、公共价值理论

公共价值理论基于治理理论，主张多元化管理公共事务，主要思想包括创造公共价值，扩展公众参与以及构建开放型的公共服务获取和递送机制。马克·穆尔开创性地提出了公共价值战略三角模型，包括实现公共价值的使命管理、获得支持与合法性的政治管理以及运营管理三个方面。其中，政府的使命就是对公民诉求进行回应，让公民满意，体现出政府的回应、责任、信任等价值。支持与合法性是一种授权行为，强调公共管理者的行为需要得到政治支持。运营管理能力是公共管理者对资源运作与管理的能力。在城市面临的问题和困难不断增加，存在的矛盾和风险日趋复杂的情景下，借鉴战略三角形模型，政府为公民服务的公共价值创造为城市治理提供了基本的路径选择。城市政府需要把握城市治理的价值理性和工具理性，在政府、公民和社会组织的三方价值交集的基础上探求公共价值的内容与衡量标准，必须符合法律法规要求和社会规范期待，以人民为中心的公共价值是不断提高城市治理体系和治理能力现代化水平的根本动力，从而实现城市治理的科学设计和精准发力，对城市精细化治理的理论构建提供启示。

四、整体政府理论

整体政府理论兴起于20世纪90年代末期，主要由佩里·希克斯（Perri Six）基于英国政府改革实践提炼的这一理论，作为对新公共管理理论的尝试超越，整体政府理论强调"协调—整合—信任"三大核心机制，主张在新型行政文化的支撑下，通过政府部门之间的合作以及政府与其他公共产品供给者之间的协作更好地为公众提供服务。具体而言包括：第一，政府组织内部的合作。新公共管理运动带来政府管理碎片化和部门中心主义，整体政府改革就是要把部门间的横向协作与中央重新集权结合起来，以重新寻求中央和职能部门之间的平衡。第二，政府与非政府治理主体的协作。后工业社会最大的特点就在于高度不确定性与高度复杂性，政府也不可能像过去那样扮演一个全能的角色，作为公共权力的拥有者，为了更好地提供公共服务，政府应当加强与其他治理主体的整合。第三，以新型行政文化为支撑。与新公共管理强调效率与竞争的文化相比，整体政府更注重培养牢固而统一的价值观，强调团队建设、责任共享、成员信任、价值为本的管理与合作，以及加强公务员培训和自我发展等意识。整体性理论提倡政府机构组织间通过充分沟通与合作，达成有效协调与整合，彼此的政策目标连续一致，政策执行手段相互强化，达到合作无间的治理行动。这一理论为精细化治理中存在的部门管理主体分散、职能割裂、职能配置有待优化、沟通协作不力等问题，提供了全新的治理方式，包括大协同机制、整合共享机制、牵头工作机制等，能够更好地指导城市治理的改革与实践。

五、无缝隙政府理论

无缝隙政府是针对官僚制组织权力集中、机构僵化、服务低效等体制弊端而提出的新理念。拉塞尔·M.林登在《无缝隙政府——公共部门再造指南》一书中提出了这一概念，主张政府、企业、公众间形成良好的同盟关系，通过组织再造打破政府职能部门间壁垒和服务碎片化难题，整合资源、信息共享，以满足顾客无缝隙服务需求为导向，满足公众对公共服务的需求，提升服务的有效性和满意度。[1]无缝隙政府从整体性、协调性、便利性等角度出发，突破了政府机构部门化、层级化带来的无效率和低回应性，聚焦于以顾客为中心的公共服务供给有效性、满意度改进目标，推进官僚制组织以职能为主的权力配置方式向以顾客服务过程为主的组织模式变革。这些都与城市精细化治理的核心理念相契合，为有效应对城市治理中的碎片化、科层制、管控化等问题提供了新的研究视角。

六、多中心治理理论

美国学者埃莉诺·奥斯特罗姆（Elinor Ostrom）和文森特·奥斯特罗姆（Vincent Ostrom）夫妇通过长期的社会实证调研，发展和汲取了"治理理论"的观点，共同创立了多中心治理理论。他们认为，在传统的公共事务的治理过程中，存在"市场失灵"和"政府失灵"的问题，公共事务的治理应该摆

---

[1] 拉塞尔·M.林登.无缝隙政府——公共部门再造指南[M].北京：中国人民大学出版社，2013.

脱市场或者政府"单中心"的治理方式，建立政府、市场、社会三维框架下的多中心治理模式，以有效克服单一依靠市场或政府的不足。多中心治理理论的内涵主要体现在治理主体多元化、"合作—竞争—合作"的治理范式和实现公民利益最大化的治理目标三个方面。多中心治理理论的诸多观点契合城市精细化治理的需求，强调城市公共事务的治理需要政府、企业及公民社会三者共同参与与协作。城市精细化的目标是增加人民的福祉，实现公民利益最大化。

第二章 城市治理的历史逻辑与实践逻辑

从1921年至今，中国共产党走过了整整一百年的历程。中国共产党人百年来的理想始终是带领中国人民走向现代化，党的第一代领导人毛泽东同志在新中国成立之初就提出，党必须用极大的努力学习管理城市和建设城市。经过几代共产党人的不懈摸索、实践和创新，以问题为导向，城市治理工作不断调整和适应我国经济社会发展的需要。特别是随着中国特色社会主义进入新时代，以习近平同志为核心的党中央顺应新的时代要求，不断强化以人民为中心的城市发展观，正有力地推动着城市治理体系和治理能力向着现代化方向迈进。

第一节 我国城市治理的探索路径与实践

在党中央的领导下，我国城市治理工作在探索中前行，中国城市的发展走过了一条与西方不同的道路，与之相关的城市治理探索自然也形成了具有自身特色的路径，城市治理工作地位和作用日益突出。

一、解放战争后期的城市接管

1947年2月1日，毛泽东同志号召全党全军迎接中国革命"最后夺取城市"，中国人民解放战争转入战略进攻，党的工作重心开始由乡村向城市转移，党对城市的接管工作随之开始。1948年2月19日，刘少奇同志代表中共中央工作委员会率先对阳泉、石家庄等城市的城市工作经验进行总结，并据此首次明确提出了"我们工作应做长期打算，方针是建设，不是破坏"的全党"城市建设"工作的总方针，其中关于"注意保护机器、物资及一切建筑物，不准破坏，不准抓取物资"的城市工作经验，位列中共"城市建设"首批城市工作经验之首。①时隔6日，即2月25日，毛泽东同志于陕北杨家沟以中共中央名义亲手起草致电至各中央局、分局、前委，并告工委，指出阳泉、石家庄等城市的这些经验"为全党取法"，是"尔后各局各军在攻克城市及在占领以后不久时期内管理城市的基本的方针及方法"。②党接管城市的工作重心是建立政权、实行军事管制等，涉及城市市政管理工作相对较少，基本上是加强在经济领域对城市治理的工作，包括发放敌伪没收的企业财产，在严格区分官僚资本界限、不要打乱分散、完整接管、迅速复工的原则下，接收官僚资本企业，扩大对私营工商业的贷款、调整税赋，设立劳动局，以协商的方式改进生产、业务与职工待遇。这个时期党和政府掌握了国家的经济命脉，维护城市经济稳定运行是城市工作的主要任务。

二、新中国建设时期的环境卫生管理

1949年新中国成立，百废待兴。城市建设管理刚刚起步，城市规划和建设是新中国成立后城市治理的一项重要任务，周恩来同志在主持政府工作中，非常重视城市建设方面的工作，对改造旧城市、建设新城市、加强城市总体规划以及保护历史文化名城和文物古迹等作了一系列指示，提出了"实用、经济、美观"的城市建设原则。1951年2月18日，《中共中央政治局扩大会议决议要点》指出，要加强党委对城市工作的领导，恢复和发展生产，改善城市人民生活，在城市建设计划中要贯彻为生产服务、为工人服务。各大城市先由军队管理，突击清理战争废墟，然后成立城市环卫局（处、所），其清洁队由公安或卫生部门领导，后曾将隶属公安的清洁队全部划归卫生系统。"文革"期间机构撤销，造成城市市容环境卫生"脏、乱、差"和私搭乱建、违法建筑等问题严重，城市治理的发展也进入了停滞阶段。"文革"结束之后，1980年3月1日经国务院批准的《关于加强城市环境卫生工作的报告》，明确

---

① 中华人民共和国人民政府.刘少奇同志生平年谱（1948年五十岁）[EB/OL].（2009-11-24）[2022-06-14].http://www.gov.cn/govweb/test/2009-11/24/content_1471538.htm.

② 沙健孙.全国解放战争后期党的新区城市政策和城市工作述论[J].党的文献，2000（01）：60-69.

国家城市建设总局作为全国环境卫生管理工作的主管部门，要求按照"全面规划、合理布局、依靠群众、清洁城市、化害为利、造福人民"的原则开展全国环境卫生管理工作。总体而言，这个时期的城市治理重心以市容环境卫生管理为主。

三、改革开放后的城市行政执法管理

1984年10月，党的十二届三中全会出台《中共中央关于经济体制改革的决定》，明确要求"城市政府应该集中力量搞好城市规划、建设和管理，加强各种公用设施的建设，进行环境的综合整治。市长的工作重点也应逐步转移到城市治理的轨道上来"。1987年5月，国务院下发《关于加强城市建设工作的通知》。之后，全国各地相继建立了城市建设管理机构和城市建设监察队伍，从整顿市容环境卫生，治理脏、乱、差入手，城市治理的范围逐步扩大到城市建设综合性管理。1996年10月《中华人民共和国行政处罚法》正式颁布，该法第16条规定，国务院或者经国务院授权省、自治区、直辖市人民政府可以决定一个行政机关行使有关行政机关的行政处罚权，但限制人身自由的行政处罚权只能由公安机关行使。2008年7月，《国务院办公厅关于印发住房和城乡建设部主要职责内设机构和人员编制规定的通知》规定，将城市治理的具体职责交给城市人民政府，并由城市人民政府确定市政公用事业、绿化、供水、节水、排水、污水处理、城市客运、市政设施、园林、市容、环卫和建设档案等方面的管理体制。在此期间，努力探索了城市建设发展的管理方法和管理手段，特别是对相对行政处罚权和综合行政执法进行了试点摸索。

四、进入新时代的城市治理能力现代化

2013年11月，党的十八届三中全会提出全面深化改革的总目标是完善和发展中国特色社会主义制度，推进国家治理体系和治理能力现代化。2014年10月，党的十八届四中全会通过的《中共中央关于全面推进依法治国若干重大问题的决定》再次提出：理顺城管执法体制，加强城市治理综合执法机构

建设，提高执法和服务水平。2015年12月，以党中央、国务院名义召开的、时隔37年之久的中央第四次城市工作会议召开，会议指出我国城市发展已经进入新的发展时期。此次城市会议把转变城市发展观念作为首要问题提出，强调要尊重城市发展规律，贯彻创新、协调、绿色、开放、共享的发展理念，坚持以人为本、科学发展、改革创新、依法治市。以系统改进城市规划、建设、管理，提高城市发展的质量和水平，着力解决城市病等群众关切的民生问题、环境问题，提高城市治理能力。2019年10月，党的十九届四中全会是党的历史上第一次在中央全会就国家制度和国家治理体系问题进行专门研究，并作出《中共中央关于坚持和完善中国特色社会主义制度、推进国家治理体系和治理能力现代化若干重大问题的决定》。习近平总书记指出："城市治理是推进国家治理体系和治理能力现代化的重要内容。""要深入学习贯彻党的十九届四中全会精神，提高城市治理现代化水平。"[①]这一时期，全国各地方城市人民政府积极探索城市治理能力现代化的新模式和执法的新思路，"服务、管理、执法三位一体"的观念深入人心，提高城市治理现代化能力成为全国城市治理者的共识和崭新实践。

第二节　我国城市治理思想体系的演进与形成

新中国成立以来，特别是中国特色社会主义进入新时代，城市治理工作立足改革开放的时代背景，适应我国经济社会快速发展的需要，以人民为中心，以问题为导向，从探索到发展，不断改革创新，在方向、目标、体制、方法和手段等方面发生了全方位的变化，逐渐形成了新时代中国特色社会主义的城市治理思想体系。

一、人本治理

城市的核心是人，人民对美好生活的向往，就是城市治理的方向，以人

[①] 人民网.习近平：深入学习贯彻党的十九届四中全会精神　提高社会主义现代化国际大都市治理能力和水平[EB/OL].（2019-11-04）[2022-06-14]. http：//dangjian.people.com.cn/n1/2019/1104/c117092-31435292.html?_t=1588292424.

民为中心是我国城市治理的价值遵循。毛泽东同志著名的《为人民服务》演讲，号召大家学习张思德同志完全彻底为人民服务的精神之始，我们党始终带领人民为创造美好生活而不懈奋斗，以人民为中心的思想就贯穿在革命、建设、改革的进程之中。邓小平同志的一生都在践行"凡是于人民有利的事情，无不尽力提倡与实行"①的诺言，他提出并实践的"以经济建设为中心"目的就是满足人民日益增长的物质文化需要。习近平总书记强调："城市的核心是人，城市工作做得好不好，老百姓满意不满意，生活方便不方便，城市管理和服务状况是重要评判标准。"②

城市治理必须把让人民宜居安居放在首位，推进城市治理现代化，必须针对影响城市安全、制约城市发展、影响群众生活的突出问题，有效治理城市病，切实维护人民群众的根本利益，真正实现美丽城市，让市民生活更美好。根本目的是提升人民群众获得感、幸福感、安全感。"人本治理"的城市观就是要着力解决人民群众最关心、最直接、最现实的利益问题，不断提高公共服务均衡化、优质化水平；就是要构建和谐优美的生态环境，把城市建设成为人与人、人与自然和谐共生的美丽家园；就是要把全生命周期管理理念贯穿城市规划、建设、管理的全过程、各环节，把健全公共卫生应急管理体系作为提升治理能力的重要一环，全方位、全周期保障人民健康。

二、共同治理

城市治理体系的共治要求以政府、社会组织、公众个体等多主体合作共治为前提，共同治理是城市治理的根本方法。毛泽东同志很早就指出："只要我们依靠人民，坚决地相信人民群众的创造力是无穷无尽的，因而信任人民，和人民打成一片，那就任何困难也能克服。"③实践充分证明，城市发展中的诸多矛盾和问题，依靠自上而下的、单向的、垂直的传统管理思维，突击式、运动式、强制式的管理手段已经无法有效应对，必须用共治理念推动解决，让全体市民共同参与、同向发力。习近平总书记指出："只有让全体市民共同

---

① 邓小平文选：第1卷［M］.北京：人民出版社，1994：77-85.
② 本报记者 颜维琦.人民的城市生机勃勃［N］.光明日报，2019-12-02（01）.
③ 陈冬仿.依靠人民创造历史伟业［N］.光明日报，2019-11-27（06）.

参与，把市民和政府的关系从'你和我'变成'我们'，从'要我做'变为'一起做'，才能真正实现城市共治共管、共建共享。"习近平总书记进一步强调："市民是城市建设、城市发展的主体。要尊重市民对城市发展决策的知情权、参与权、监督权，鼓励企业和市民通过各种方式参与城市建设、管理。"[1]

城市共同治理的主体涉及政府、社会组织、市民等，实现三者在治理过程中的相互耦合、协同共治，其中尤其突出市民的主体作用，坚持广大市民在城市治理中的主体地位。城市治理的共享共治要求要明确各个治理主体在治理过程中的权责边界。一个强有力的城市政府是城市治理能力的基本保障，在合作共治过程中，一方面，在制定公共政策、营造法治环境、组织动员力量等方面履行行政职能，在交通治理、公共安全、环境治理、公共服务等公众关注度和需求度高的公共事务领域，政府仍应继续发挥主导作用。另一方面，政府要不断加强城市基层社会治理体系建设，提高系统性、协同性。推动市民参与城市治理，就要保障市民参与城市公共事务的权利，为公众依法、高效参与城市治理提供有效的制度保障。充分吸收具有社会责任感的社会组织参与城市治理，发挥其在城市治理中公益、高效和灵活的作用。城市政府通过广泛的社会基础，增强调配治理资源的能力。摆脱传统政府对社会自上而下的单边管控模式，促进城市基层社会治理中的合作共治，正是我党从传统城市治理向更加民主的现代城市治理转变的全新思想。

三、精细治理

中国自20世纪50年代中期以后形成了城乡二元的社会结构，使得城市化长期处于停滞状态。改革开放以后，我国城市化进程明显加快，城市化率从1978年的17.9%到2020年超过60%，导致在城市化进程中出现严重的粗放型特征。环境污染、交通拥堵、空气雾霾、房价虚高、应急迟缓等问题越来越突出，加大了城市的风险性和脆弱性。城市发展过程中严重的"大城市病"，归根结底还是城市治理跟不上城市发展速度。党中央深刻认识到城市在我国经济社会发展、民生改善中的重要作用，并将之与经济工作、农村工作放在

---

[1] 新华网.中央城市工作会议在北京举行［EB/OL］.（2015-12-22）［2022-06-14］.www.xinhuanet.com//Politics/2015-12/22/c_1117545528.htm.

同等重要的位置，以系统改进城市规划、建设、管理，提高城市发展的质量和水平。习近平总书记提出："以解决人口过多、交通拥堵、房价高涨、大气污染等问题为突破口，提出解决问题的综合方略。"进而深刻地指出："不断完善城市治理和服务，彻底改变粗放型管理方式，让人民群众在城市生活得更方便、更舒心、更美好。""要注重在科学化、精细化、智能化管理上下功夫"，"要通过绣花般的细心、耐心、巧心提高精细化水平。"[①]

城市规模的扩大使城市治理已经成为一个复杂程度极高的巨大系统，维持城市正常运转已不只是城市治理的基本特性，其背后的城市规划建设、环境秩序、应急管理、民生服务等这些功能交织与关系整合使城市治理的风险性和脆弱性急剧加大，特别是随着市民生活质量和素质逐步提高，人民对城市的高效运行、交通快捷、绿色环境等拓展功能的要求已经远远超出了传统城市治理范畴，与相对简单的传统功能相比，管理内容广泛、职能扩充和事务繁杂，"只要是没人管的，都是城管的"已不是一句戏言。粗放式的城市治理已经不能适应现代城市日益复杂的管理要求，城市的精细化治理理念成为必然。城市的精细化治理要求城市治理者从点滴处入手、由细微处着眼，把精细化贯穿城市治理始终，通过完善标准规范等制度体系，将标准化要求渗透至城市治理的全过程，对城市治理的每一个细节和细微之处，都要制定标准规范，做到每项管理都有据可循，不断提高精细化管理水平。

四、依法治理

法治国家是国家治理现代化的重要标志。民主立法是毛泽东同志在新中国成立之后法制工作中创制的首要方法论原则，"一定要守法，不要破坏革命的法制。我们的法律，是劳动人民自己制定的。它是维护革命秩序，保护劳动人民利益，保护社会主义经济基础，保护生产力的"[②]。邓小平同志提出了实行依法治国的目的和基本标准，他认为社会主义法治的主要目的是社会主义民主的

[①] 央视新闻. 习近平心中的"城"[EB/OL]. （2019–08–27）[2022–06–14]. news.cctv.com/2019/08/27/ARTInsNKZHAxLPhzvPkzvPkztqrt190827.Shtml.

[②] 万一. 我国民事立法的历史发展与最新成就[EB/OL]. （2012–09–18）[2022–06–14]. www.npc.gov.cn/npcc/222/201209/ec24a7d5c0e477c8c1b056e59bb4e41.Shtml.

制度化、法律化，其基本标准是消除人治，实行法治，使社会主义的制度和法律具有最高权威性和稳固性。1992年春天，邓小平同志在南方谈话中，用质朴的语言道出深刻的道理："还是要靠法制，搞法制靠得住些。"[①] 同样，没有法治就没有城市治理现代化。城市治理的权力直接来源于法律，城市治理的权力运用依照法律。习近平总书记深刻指出，要强化依法治理，善于运用法治思维和法治方式解决城市治理顽症难题，努力形成城市综合管理法治化新格局。[②]

法律规定了城市治理行为合法与非法的界限，给运用权力进行治理的主体设定了权力范围和边界。现实表明，不少城市问题是由于普遍存在着管理不规范、监管缺失、管罚脱节等问题造成的。现代城市治理必须实现法治化，使城市发展和运转的各项决策及其执行都在权力范围和边界之内。城市政府要依法行政，城市治理的制度、体制、机制、技术须符合法律的规定，确保依法治理的理念贯穿于城市治理的主体、客体和方法中。一是城市依法治理必须坚持党的领导，新时代推进城市治理体系和治理能力现代化，核心关键是坚持党建统领，更好地发挥基层党组织在城市治理中的引领作用。二是城市依法治理必须构建整体治理。城市治理和城管执法如同"一体两翼""一车两轮"，相辅相成。城市治理为综合执法提供管理资源，综合执法为城市治理提供执法保障。改变以往城市治理条块分割、各自为政的碎片化管理体制，构建统一协调、灵活高效的新型管理机制。三是城市依法治理必须提高执法水平。提高执法水平，是做好城市治理工作的关键。城市治理工作不仅要有完善的城市治理法治体系，更要有一支素质过硬的执法队伍。

五、技术治理

党的十九届四中全会首次将"科技支撑"作为社会治理体系的重要组成部分提出，指出要完善党委领导、政府负责、民主协商、社会协同、公众参与、法治保障、科技支撑的社会治理体系。作为社会治理体系的重要组成部分，技

---

① 人民日报评论部．还是法治靠得住——写在邓小平同志诞辰110周年之四[N]．人民日报，2014-8-22（05）．
② 提高城市科学化精细化智能化管理水平，代表委员热议习近平总书记关于城市管理的讲话[N]．光明日报，2017-03-06（04）．

术治理在进一步推进城市治理现代化中发挥着越来越重要的作用。互联网、大数据、人工智能、云计算等新技术正在以前所未有的速度、深度和广度对城市未来生活方式和治理模式产生深远影响，城市大脑、数字孪生城市、智能城市等新概念不断推动城市治理的创新方向。特别是近十年快速发展的区块链技术，比单纯的互联网、大数据、人工智能更具有革命性和颠覆性，为提升城市治理的专业化、智能化、法治化水平带来了技术保障。习近平总书记指出："运用大数据、云计算、区块链、人工智能等前沿技术推动城市治理手段、管理模式、管理理念创新，从数字化到智能化再到智慧化，让城市更聪明一些、更智慧一些，是推动城市治理体系和治理能力现代化的必由之路，前景广阔。"[1]

技术治理不仅强调新一代信息技术的技术属性，更重要的是其治理属性，通过技术实现规则层面的重构，进而对城市公共事务运行和政府治理实现重构。城市治理部门应重点推进在系统整合、协同联动下的流程再造，流程再造的目标是打造一个"无缝隙政府"，从纵向层级关系上，信息流通加快，上下级间距离缩短且关系更为密切，减少中间层级冗余，从而在政府内部建立起一种更加紧凑、更加扁平的组织结构，将政府职能和部门全方位地打通，使政府运作效率和回应公众诉求的能力大大提升；从横向层级关系上，以市民满意为目标设计科层制的横向业务流程，缩短横向运作回路，简化政府办事流程，提高执法事项的响应与反馈效率，真正实现"面向公众"的"一站式服务"。信息技术提高城市公共服务便捷性提供了新手段与解决方案，将加速城市政府从"管理者"向"服务者"的转变，其有针对性地开展与民生息息相关的政务、养老、医疗、社保、教育、文化等惠民服务应用场景，创造更好的城市公共服务体验，为人民群众提供更加智能、更加便捷、更加优质的公共服务。同时，改变公众参与城市治理的认知和状态，从而进一步激发市民投入城市治理的举报投诉、投票选举、参政议政行为的积极性，形成一个"人人有责、人人尽责、人人享有"的城市治理共同体。典型的如北京城市网格化管理和"接诉即办"、上海"一网通管"和"一网通办"、杭州"城市大脑"等智能化技术赋能提升城市治理水平。

---

[1] 中华人民共和国国家互联网信息办公室. 城市智能化——开启城市生活新境界［EB/OL］.（2020-04-14）［2022-06-14］.http://www.cac.gov.cn/2020-04/14/.

第三章　城市治理的现实背离与困境分析

坚持问题导向和现实需求，本部分将重点围绕着北京在城市发展与治理方面对主动落实精细化治理的现实性和紧迫性，突出必须追求城市精细化目标，并深入剖析了北京在治理城市过程中的困境与问题，从而揭示出影响城市进一步提升治理能力的制约因素。

第一节　精细化管理对北京市的现实要求

一、首都功能定位要求城市主动落实精细化管理

首都代表着一个国家治理体系与治理能力的现代化水平，高标准提升城市精细化管理水平成为北京建设国际一流的和谐宜居之都的应有之义。加强精细化管理，构建超大城市有效治理体系，是习近平总书记2017年6月在主持中央政治局常委会听取北京城市总体规划编制工作汇报时提出的明确要求。北京确立全国政治中心、文化中心、国际交往中心、科技创新中心的城市定位，显然这一新时代转变的动力来自目前北京承载了过多的功能定位，甚至影响到了城市基本功能的正常运行，已经到了非疏解不可的地步，这是发生转变的内因，而中央政府对北京城市功能的重新定位是其转变的外因，成为转变的助推力。这一战略定位无疑将推动城市治理工作从大规模城市建设转变为建管结合、以管为重的新的历史时期，表现在从原先的城市粗放式开发到区域整体品质提升、从不断地集聚叠加衍生到功能疏解、从城市空间扩张到新的功能匹配上提供精细化管理与服务。作为首都，北京又承载着独特的政治功能，其基层治理面临的复杂性更是其他超大城市所不能比拟的，其提

升基层治理的能力和水平以满足城市功能更新要求的迫切性同样是其他城市所不能比拟的。发挥北京政治中心优势，促进与世界各国政治协商与合作，打造国际一流、国内首位的文化名城，增强北京乃至中国文化在国际上的影响力和辐射，引领全球研发创新潮流，推动科技成果转化和京津冀协同发展，建设和管理好首都。

二、破解城乡发展的不平衡要求实施精细化治理

受城乡结构、历史遗留等因素的影响，北京城乡差别反映在城乡经济发展、公共服务、基础设施等方面。从精细化管理水平来看，第一，中心城区与城乡接合部、郊区的差距明显。中心城区、建成区精细化管理水平显著高于城乡接合部、小城镇和乡村地区。其中，地区办事处更多地处于城乡接合部和郊区，这些区域城乡土地交叉、农民居民交叉、街乡管理交叉，流动人口众多、违法建设集中、社会治安压力大。公共基础设施建设较为欠缺，配套设施滞后现象严重，目前城乡接合部区域仍有150个村没有生活污水收集管网，部分村硬件设施不完善、排污系统不合理、垃圾清运费用不足、保洁人员配备不够，垃圾暴露、污水横流、街面不洁等环境脏乱差问题较为明显。中心城区优质资源优势仍较为突出，90%的优质医疗和教育资源集中在核心城区内，而城乡接合部、郊区的公共基础设施建设较为欠缺，配套设施滞后现象严重，缺乏高品质的三甲医院、博物馆、综合体育中心等。第二，背街小巷、待拆迁整治地区、边角地与城市主次干道之间区域的环境差别明显。背街小巷和远离主次干道区域的南北城环境差异依然存在；城乡之间的城市道路公共服务设施保障能力和规范管理水平的差距依然突出。

表3-1 北京市街乡镇行政区划统计

区县	街乡镇总数（个）	其 中			乡镇加挂地区办事处牌子（个）
		街道办事处（个）	镇（个）	乡（个）	
东城区	17	17			
西城区	15	15			
朝阳区	43	24		19	19

续表

区县	街乡镇总数（个）	其中 街道办事处（个）	镇（个）	乡（个）	乡镇加挂地区办事处牌子（个）
丰台区	21（含2个单独地区）	14	2	3	3
石景山区	9	9			
海淀区	29	22	7		7
门头沟区	13	4	9		3
房山区	28	8	14	6	3
通州区	15	4	10	1	2
顺义区	25	6	19		7
昌平区	22	8	14		4
大兴区	22	8	14		5
怀柔区	16	2	12	2	3
平谷区	18	2	14	2	4
密云区	20	2	17	1	1
延庆区	18	3	11	4	
合计	331	148	143	38	61

资料来源：北京民政年鉴（2018）。

三、城市空间与功能不均衡迫切需要精细化治理

城市空间与功能的不平衡，以职住不平衡最为明显。中心城区房价居高不下，居住成本较高，人口的郊区化非常明显，产生了职住在空间上的错位现象。《2021年度中国主要城市通勤监测报告》指出，2020年全国主要城市总体单程平均通勤时耗36分钟，与2019年持平。北京仍是单程通勤时耗最长的城市，达到47分钟，通勤距离和时长均居全国城市首位，职住失衡带来的是北京巨大的上下班通勤压力和因此造成的交通拥堵等城市问题。

表3-2　北京与其他超大城市单程平均通勤时耗比较（单位：分钟）

城市	2019年	2020年
深圳	36	36
广州	38	38
上海	42	40
北京	47	47

改革开放以来，北京快速城市化导致城市社区分化及居民异质性扩大，城市治理空间由"城市"转向"社区"的演变，使得社区治理需求出现明显的差异化，社区治理涉及面广，关系到市民生活内容宽泛，具有综合性、开放性、动态性三大特点，不均衡尤其明显，体现在不同社区以及与之相应配套的环境和功能差别较大，城市老旧小区治理难度较大。虽然近年来北京市集中开展老旧小区改造整治，但由于部分老旧小区党组织管理缺位或混乱，在治理违法建设、改善环境、排查矛盾纠纷、辖区治安，涉及民生的养老难、停车难和流动人口管理难等方面发挥作用力度还不够，导致整治成果难以巩固，削弱了治理实效。

四、超大城市发展规律要求城市推行精细化治理

伴随北京城市化快速推进，城镇化率已经达到86.5%，与高收入国家的城镇化率接近。作为具有两千多万常住人口的超大城市，北京的城市规模疾速扩张，自20世纪90年代以来，城市建成区面积从400多平方千米扩大到现在近1200平方千米，几乎是原来的三倍；人口从700万增加到2000多万，也是原来的近三倍，其中一半以上人口聚集在主城区；机动车从60多万辆增加到400万辆，是原来的6倍多，属于典型的超大城市。资源集聚效应带来首都城市经济发展和社会繁荣的同时，"大城市病"也以超过城市发展的速度迅速形成，北京城市屡超规划的扩张给城市运行和管理带来了巨大的压力。环境污染、交通拥堵、空气雾霾、房价虚高、管理粗放、应急迟缓等问题越来越突出，加大了城市治理的风险性、安全性和脆弱性。北京作为超大型城市，发展过程中严重的"大城市病"，归根结底还是城市治理跟不上城市的发展速

度。在当前疏解非首都功能、治理"城市病"过程中，北京要顺应城市发展的客观规律，坚持以人民为中心的指导思想，调整转变现有的城市发展方式，统筹政府、社会、市民三大主体在创新城市治理体制和城市精细化目标中的突出作用。

十九大指出，我国社会主要矛盾已经转化为人民日益增长的美好生活需要和不平衡不充分的发展之间的矛盾。认识北京城市发展中诸多发展的不平衡不充分问题，有助于我们以问题为导向破解城市精细化管理的痛点。

第二节 北京市精细化管理的困境

一、城管执法能力偏弱，难以达到精细化治理的要求

1. 多头执法等执法问题仍存在。城市管理问题复杂多样、线索众多，涉及的领域广、事项繁杂，一项城市管理违法案件往往涉及多个执法部门，城市管理作为统筹协调者，需要协调的执法部门众多，很难做到及时响应、迅速处理，偶尔会出现执法主体之间推诿扯皮的情况，多头执法、交叉执法、重复执法问题仍不同程度存在，导致城市管理中的一些"痼疾顽症"得不到很好的解决，形成了"城管很努力、群众不认同"的现象。

2. 部分执法部门工作力量不足。部分政府执法部门无法保证每个街镇配备1名常驻工作人员，在基层的调度模式设置上不能完全统一，造成街镇进行综合执法时指挥调度存在困难，如工商、公安、交通等部门的派出机构，管理区域与街镇辖区不一致，存在一街（镇）多所或者一所多街（镇）的问题。另外，专业性强的领域，如环保，有些没有下沉到街镇，属地没有执法处罚权，也缺乏专业技术知识，导致出现检查和督促不到位的情况。

3. 部分成员单位派驻人员稳定性还不够强。由于行政综合执法中心联合执法队伍多为成员单位抽调人员，人员配备不统一，队伍不够稳定，配合默契程度还不够强，导致综合执法工作的连续性和实效性在一定程度上受到了影响。网格员队伍配置结构不合理，绝大多数是兼职网格员，专职人员仅占

总人数的7%。队伍不够稳定，由于网格员薪资待遇没有统一标准，差距较大，人员经常流失，作用难以有效发挥。

二、法规标准有缺位，难以保障城市管理的法治化

1. 城市管理领域立法滞后于实际。城市管理涉及规划、建设等二十多个相关部门和供水、供电、供气、供热、邮政、通信、公共交通、物业服务等多家部门，是名副其实的综合管理。目前相关法律法规的制度修订工作跟不上城市的快速发展，远远滞后于实际需求，无法适应高质量发展阶段面临的问题。

2. 综合性法律法规缺失。虽然城市管理各个领域基本上"有法可依"，但是专项法律、法规、规章相互之间的协调性、衔接性还不能适应和满足城市综合管理的现实要求，城市管理的复杂性、综合性迫切需要在国家层面综合立法，解决部门立法、衔接不顺的问题。目前北京还没有一部综合性城市管理法规，在日常管理、执法工作中，主要依据《北京市市容环境卫生条例》等专业法规规章，属于"借法执法"，城市的优美环境、安全运行难以得到全面、妥善、完整的保障。

3. 精细化治理没有构建起完善的标准体系。目前，大部分城市管理标准化还停留在各行业建立、完善标准阶段，比如背街小巷整治、公厕管理、垃圾分类等方面出台了相关标准，但覆盖面小、标准不够细、要求不够高，还没有建立起一整套可以规范城市精细化治理全过程的可量化、可衡量的标准化管理体系。这套标准化管理体系应该包括组织保障体系、标准化管理体系、网络化监管体系、数字化技术体系、社会化服务体系以及标准化执法体系。

三、多元化参与程度不够，难以夯实精细化治理的社会根基

1. 基层统筹辖区内各类城市管理力量难。街道社区自身资源有限、责权不对等，使社会资源难以有效整合和合理配置。特别是在京的中央单位、科研院所和高校众多，统筹辖区内级别较高的社会单位更难。而且街道层面存

在多个综合性机构，如大工委、街道党建协调委员会、社会工作党委、地区管委会、街道综治中心等，体制优势没有充分发挥，难以以嵌入式的制度优势融入各类社会组织，在落实重点难点任务中，往往协调的仅是"叫得动、拉得来"的单位，对社会资源统筹得还不够充分、动员得还不到位，多元参与、共治共享的局面尚未形成。

2. 社会组织主动参与城市治理的意识不足。社会力量参与基层治理是转变政府职能，推进社会服务精准化、社会治理精细化的需要。社会组织参与不足一方面体现在社区自治机制不健全，街道、社区仍然习惯大事小事由政府包揽，缺乏将自身服务管理职能转移给社会组织的理念。另一方面，社会组织参与的主动意识、自觉程度还不够，还停留在政府召集和动员通知上。

3. 居民自觉参与城市治理的热情不高。城市管理的责任主体由政府部门、社会单位、居民三方组成，市民在城市管理中发挥作用还有很大空间，面对治理难题，许多居民把社区事务看成政府的事，与自己无关，将希望都寄托于社区居委会和街道办事处，或者以自我为中心，将规则、法律置于身外，往往会出现"袖手旁观""我行我素""单打独斗"等现象，人人守法的责任意识、城市管理的主体意识仍需进一步强化。

四、风险管控能力不强，难以满足精细化防控的需要

1. 应对突发事件的应急储备战略物资不够。以疫情防控为例，社区作为疫情防控的一线，但并不具备一线必需的物资，在防疫初期防护物资诸如口罩、手套、防护服、酒精、测温枪等存在短缺问题。据统计，一个20万平方米的社区，在疫情防控期间，每天至少要消耗口罩80个，各类消毒液10~15升。据了解，物业企业所管理的住宅小区的防护用品只能维持2~3天。而且，有些小区甚至一直没有防护服和护目镜等必要的防护用品。

2. 应对突发事件的应急动员能力不足。在突发事件中，动员驻区单位、党员、志愿者以及社会组织积极参与的力度还不够。自新冠疫情发生后，许多社区工作者、物业安保人员和下沉干部等人员持续开展24小时严防死守，但毕竟人手有限，这部分人员长时间处于超负荷工作状态，心理压力很大。

3. 应对新兴风险的防御意识和管控措施薄弱。针对新兴风险缺乏常态化跟踪监测，城市生命线监测预警处置与风险管控机制不健全，风险信息缺乏共享机制。2021年9月，发生在北京通州小区的电动车电池充电爆炸起火致5人死亡事件，暴露出对新兴风险的防范意识和治理效率明显不足。其实，早在2018年，国务院安全生产委员会办公室就召开会议，对电动自行车"进楼入户"的问题提出了警示。

4. 城市应急管理体系有待完善。城市管理工作中将会面临更多的"黑天鹅"事件，需要更强的应急处理能力。城市应急管理不仅是应对突发灾害冲击下的重要手段，更是现代城市治理的重要组成部门。新冠疫情暴露城市应急管理体系仍然存在一定程度的缺陷，上下左右联动机制不健全，应急响应机制有待进一步提升灵敏度，有些小区存在着突发事件的应急管理较混乱、应急管理责权不明确、信息处理的整合机制较差的问题，应急工作不规范、执行方案缺失，应急队伍建设亟待提升。

五、统筹协同能力不足，难以实现全过程精细化治理

1. 精细化治理没有贯穿于城市规划建设管理的全过程。由于城市主管部门缺乏强有力的统筹和整体协调能力，城市规划建设管理缺乏整体性和系统性，规划问题自己难发现，建管发现的问题难反馈，末端的管理问题向前端反馈不畅，管理需求难响应。可见，精细化治理思想没有贯穿于城市规划建设管理的全过程，城市管理处于末端落实先天不足的境地，导致管理中发现的问题不能在前端环节加以克服，规划漏项和建设甩项问题造成城市公共服务缺乏前瞻性，城市功能不完善，城市运行不协调，往往管理好旧问题再添新问题。

2. 基层党组织嵌入精细化治理程度不够。调研中发现，部分基层党组织对自身领导核心和政治核心地位缺乏正确认识，误认为城市治理是政府部门的事，与党组织关系不大，引领基层治理的积极性、主动性不高。政治功能发挥不够充分，导致各级党组织成为基层社会治理的"局外人"。依托行政权力、封闭式的传统党建模式难以适应首都城市发展转型和城市治理精细化的

要求。在对非公经济组织和社会组织中党的组织和工作覆盖还不够，缺乏有效渠道和手段，难以引领这些组织积极参与城市精细化治理。

3. 部门职责分散难统领。强调职能部门各自为战，如道路市政工程，涉及建设、环保、路政、交管、城管等多个部门，各个过程的审批条件互为前置，影响了安全隐患和工作效率。另外，有些管理职责分属于多个部门，有些管理职责交叉重叠，协调配合不力，政出多门，碎片化管理问题突出，很大程度影响了精细化治理要求的落实。

六、智慧治理应用不广泛，难以支撑城市治理的精准性

1. 城市运行"一网统管"模式亟待建立。由于城市历史沿革和发展变迁，规划、建设和管理等部门的基础性数据已不符合基层实际使用需要，基层面临数据用"腿"跑的难题，智慧化应用中缺乏基础数据。线上与线下的城市管理存在着大数据尚未成为有效识别问题的主要工具，业务匹配度不高、信息不同步、管理流程不衔接、运行管理"两层皮"等问题，导致线上应用对线下业务的驱动力不足，研判精准的治理模式无法贯穿实现。

2. 信息化资源的整合亟须不断拓展。由于体制、技术、保密等诸多原因，涉及多部门联动处置的业务存在"数据盲区、数据打架"问题，还存在信息"孤岛"问题。目前，区级多个信息应用系统由市级系统垂直设置、垂直管理，有些还使用专用网络，建设标准各不相同，导致市区两级及同级部门之间的网格化信息系统难以实现数据对接和资源共享，信息化资源的整合还不够充分。

3. 城市管理智能化应用场景亟须拓展。智慧城市体系建设普遍存在重行业管理、专业管理，轻民生服务、社会化服务的现象，新一代信息技术在智慧城市领域的应用场景滞后于群众对智能化时代美好生活的需要。智慧政务、智慧城管、智慧市政、智慧水务、智慧园区、智慧建造、智慧交通、智慧景区等跨部门应用场景支撑力不足，功能性不强，智慧技术赋能城市精细化治理的作用还没有得到充分发挥，上线政务服务的便民化不够、"适老性"的智慧产品不够等制约智慧服务水平的提升。

第四章 城市精细化治理的权变因素与体系

本部分是本研究的重点之一，也是本研究的创新点。根据城市精细化治理的核心"要素集"构成，结合具体城市的管理实践，从而初步构建出有新时代中国特色的城市精细化治理体系，探究城市精细化治理的理论逻辑。

第一节 城市精细化管理的研究现状

我国城市治理体制改革历经了新中国建立后到改革开放前的萌芽起步阶段，城市治理以市容环境卫生为主。改革开放前期的城市治理探索发展阶段，市长的工作重点逐步转移到城市建设管理的轨道上来。1996年《行政处罚法》的出台，使城市治理进入综合规范阶段，城市治理领域被纳入综合行政执法试点。2014年十四届三中全会提出要加强城市治理综合执法机构建设，提高执法和服务水平。2015年，时隔37年的中央城市工作会议的召开标志着城市治理进入改革创新阶段，这一新时期，粗放的城市治理方式落后于现代化城市治理精细化要求，各地纷纷探索城市精细化管理的新模式，精细化治理能够实现对城市治理的有效整合并提高城市治理效率，已经成为全国城市治理者的共识。北京的城市精细化管理提出，"精"就是要发扬工匠精神，精心、精治，打造精品，"细"就是要像绣花一样，细心、细巧，细节为王；"化"就是精细要做到规范化、标准化、专业化和常态化。上海市精细化管理的着力点是"一全三化"，即全覆盖、法治化、智能化、标准化。杭州市将精细化管理文化和管理理念贯穿城市治理全过程，实现城市治理的标准科学化、制度系统化、手段智慧化、服务人本化和设施精品化。

作为习近平新时代中国特色社会主义思想的重要组成部分，精细化治理成为习近平治国理政思想的工具化向度（沈菊生，纪晓岚，2018）。近些年，围绕着精细化治理这一主题，论文数量呈逐年递增的趋势，近三年有明显的激增。

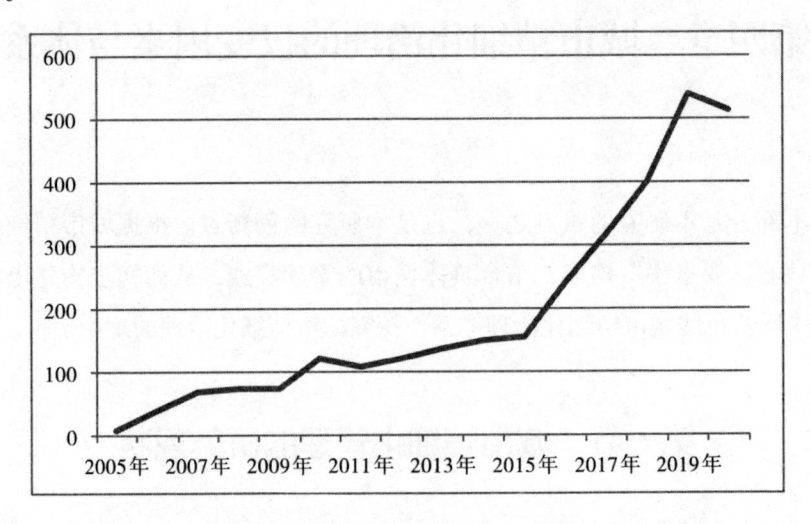

图4-1 以"精细化"和"城市治理"为关键词的论文数量

梳理已有研究，有的研究聚焦国外特大城市精细化管理的经验介绍，针对我国国情提出相关启示（杨宏山，2015）；有的研究则关注当前特大城市治理中存在的问题，提出相应的解决对策（刘福元，2017；林拓等，2017；曹海军，2016；郑树平，2016）；有的研究就精细化管理理念运用在特大城市治理的某一方面，如城市规划、城市环卫、城市园林、地下管线等的方法改进和实现途径进行梳理（郭理桥等，2012；陶振，2015）；有学者提出应从供给侧构建基层党建领导下的多元主体治理体系，驱动城市精细化治理（王德起等，2020）。研究呈现出多方位、多角度、宽范畴的特征，主要有价值的研究结论如下：

第一，治理精细化是政府职能定位和治理思维方式的外在表现和行动逻辑。如王刚等（2020）认为精细化管理实现对网格化管理的制度超越，有效破解了网格化管理中长期制约治理主体责任碎片化难题，为超大城市基层"全周期管理"提供了新思路。治理精细化的实现需要进一步顺政府各部门之间的关系、细化分解各部门的责任、解决职能交叉和推诿扯皮问题、减少因条块分割形成的精细化治理体制障碍。邵青等（2020）提出通过推进政府组织变革、优化一线人员配置、培育专业社会组织、完善监督考核机制等措施，或将有利于提升我国城市精细化治理水平。

第二，治理精细化需要实现政府治理与社会自我调节和居民自治协调互动，精准满足人民的需要与诉求。如张英菊（2016）提出精细化管理，应实现治理主体由单一到复合、治理手段由传统到现代、治理标准由粗放到精细、治理机制由突击到长效的四大转变。王少峰（2016）认为理念共生、信息共享和多元共治构成社会治理精细化的三重维度。

第三，治理精细化意味着治理智能化和标准化，要以信息技术应用和治理工具创新推进城市治理精细化。李雪松（2020）提出"技术赋能"是推动治理逻辑重构的"绣花针"，城市精细化治理，亟须加强智慧城市建设制度设计，拓展互联共享信息数据资源，推广综合行政执法技术应用，健全综合行政执法配套体系。薛泽林（2021）对数字化赋能城市精细化治理的作用机理进行了研究，发现数字化不仅可以作为政府公共信息发布和社会民意收集的工具，也可以促成政府与社会的互动治理。数字化的应用可以推动未来城市精细化治理的政府与社会主体互嵌互动，并在此基础之上形成新的治理秩序，最终实现民心治理。宋刚等（2014）、锁利铭等（2018）的研究强调大数据技术对城市精细化管理系统的构建，揭示城市精细化治理的数据要素、数据驱动机理与系统耦合机制。黄俊尧（2019）认为城市基层应从自治、管理、服务等维度对"精细化"目标分进合击，通过"技术＋制度"的策略运用对治理的关键环节展开智能化的革新和重塑。

第四，对精细化管理实践进行反思，进而提出纠偏方面的建议。李强（2019）提出以精细化管理为核心理念推动城市良性运行已经成为国内许多城市特别是特大城市的重要政策导向，但在实践中却产生了过于追求细节量化、过于强调规范标准、过于依赖信息技术和过于强调微观治理单位的偏差。杨旎（2020）认为在城市精细化管理与基层治理创新的互嵌过程中，存在着治理效能与创新活力的矛盾。

由此可知，精细化治理在城市领域还是一个不断深化的新兴课题，精细化治理具有注重细节、推崇专业、重视过程和追求卓越的优势，是应对复杂社会治理挑战的方案（韩志明，2019）。然而，尽管上述已有研究涉及了精细化管理，但目前有关城市治理研究主要还是集中在传统模式下的现状与对策的层次上，深入的理论研究相对不足，对这一问题的研究还有待深入，不足之处表现在：第一，学术界对精细化管理的概念界定也尚未形成一个清晰、准确、统一的认识。第二，基于城市精细化视角下的城市治理理论更为鲜见，很少将其纳入城市治理理论的宏观框架内进行研究，尤其是基于党建视角下的特大城市治理的研究更为鲜见。

总而言之，对影响城市精细化管理的权变因素认识不足，各权变因素在精细化管理的内在功能与顶层理论还没有建设起来，以及如何创新等具体问题与路径选择缺乏系统而深入的探讨。这一系列问题构成了本研究的逻辑出发点，本研究也正是遵循这一研究框架展开的。

第二节　影响城市精细化管理的权变因素

精细化管理可以追溯到泰勒的科学管理，其精髓在于将工程技术领域的精细严密的管理理念和管理技术应用到企业管理。20世纪50年代，日本企业成功运用了这一理念，典型的是"精确、细致、深入、规范"为特征的全面质量管理，通过系统化的制度设计，流程化、标准化和数据化的管理手段，使组织单元精准高效、持续协同运营，后被推广应用于各类社会组织。相应的，城市精细化管理就是在城市治理中引入该管理理念，将现代管理理念和新一代信息技术贯穿于城市治理各个工作环节，以精准管理为目标，以网格化管理、信息化控制、标准化操作和定量化考核为手段，建立资源配置、工作流程、管理标准、量化考核等一系列的规章制度和措施，实现城市治理常态化、无缝隙、全覆盖、零缺陷的管理模式。

近年来，部分地方先后在改革创新城市治理体制方面做了积极探索，比如网格化管理模式，数字化城管、大城管模式、民生城管等，但总的来看，对于城市治理本身而言，以上积极探索的举措体现的就是城市精细化管理的局部内容和目标，不仅交叉而且相融，然而在实践中仍然摆脱不了部门目标与整体目标协调不畅,缺位、错位与越位管理共存,管理信息相对滞后,突击式管理替代常规化管理等诸多问题和难点,改革成效仍有待客观评价和继续观察。原因何在?"权变意味着某一事物对其他事物的依赖,意味着有效的组织必须在其结构和外部的环境条件之间找到一种'最佳状态'。"城市治理的系统性要求城市的各种权变因素需要有效地协调,只有这些影响因素良性互动,协调一致,才能获取城市治理的最佳效果。

2014年,习近平总书记在北京视察工作时强调:"要健全城市治理体制,提高城市治理水平,尤其要加强市政设施运行管理、交通管理、环境管理、应急管理,推进城市治理目标、方法、模式现代化。"[①]美国著名管理学家拉塞尔·M.林登的无缝隙政府理论强调政府要把公众需求当作"顾客"需求一样,要无缝隙地为"顾客"服务,建立顾客导向、竞争导向、结果导向的价值考核体系。城市精细化管理为提高城市政府公共管理和公共服务的效能,应当试图不断吸收现代管理思想,将其应用到城市政府管理的改革与实践中去。我们认为,在城市精细化管理中,影响城市精细化管理的权变因素就是城市系统所处的组织体系、管理目标、管理方法以及绩效评估。

一、治理结构:整体治理

城市治理工作主要以专业管理和行业管理为"块",形成了"块"状的多部门的碎片化的城市治理模式,尽管很多城市已经设置了城市治理委员会这个牵头抓总的综合部门,但仍然存在城市治理各专业部门之间协调不力、沟通不畅;统筹协调机制有限,缺乏末端管理环节对前端的规划、建设环节的参与机制;城管执法工作仍不到位,管理执法脱节等"痼疾顽症"。为克服多部门碎片化管理的困境,增强城市治理工作的综合性、整体性和协调性,整体治理的组织载体是必不可少的。整体治理是整体性政府这一概念在城市精细化管理的具体体现。佩里·希克斯对整体性政府的界定获得了较多的认同,是对功能性组织模型进行反思的产物,他指出整体性治理就是政府机构组织间以协调、整合、责任为治理机制,解决由于治理层级、功能、公私部门关

---

① 人民网.习近平在北京考察工作[EB/OL].(2014-02-26)[2022-06-14]. http://politics.people.com.cn/n/2014/0226/c1024-24474631.html.

系等带来的碎片化问题，从而达成彼此的执行手段相互强化，以及政策目标和治理行动的一致性。

因此，城市精细化管理需要站到整体治理的角度进行全盘考虑，一是明确城市综合管理的责任主体，建立决策、执行和监督的整体治理体系，增强城市治理委（各地叫法不一致，为表述方便，这里统一称为"城市治理委"）在城市治理决策中的治理权责；二是明确市、区、街道的治理权限和职能，强化市级层面的政府规划管理职能、市场监管职能、城市公共安全保障职能等重大职能。区级层面整合实施职能，发挥区在城市综合管理和完善服务方面的主体作用，承担对街道、社区的组织调度、协调指挥、专项治理和检查评价等职责，改善市容等基础环境；强化街道行政执行的职权，落实街道属地管理权限责任，建立街道和专业部门的连坐制。三是加强城市相关的各职能部门的整体性，特别是城市治理重心下移后，发挥街道在城市治理、社会建设和公共服务的基础作用，解决好高位决策与重心下沉执行的关系，将适宜的事权事务交由街道行使的同时，在街道层面整合、提高执行能力，必须职权、事权适配，形成集中归口管理和协同管理的运转机制，改善基层治理状况。

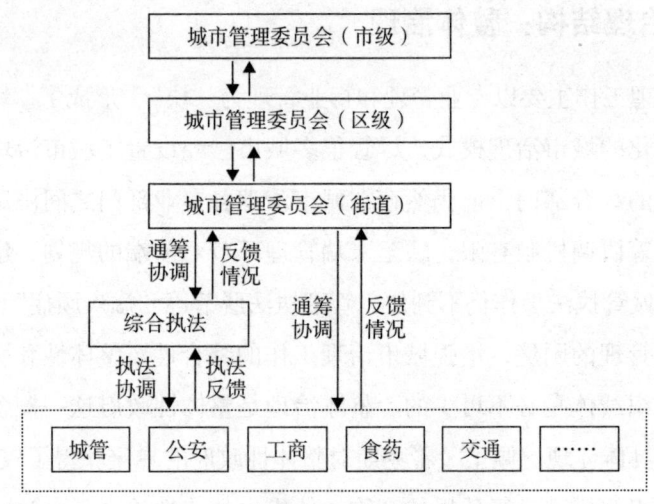

图4-2 整体治理下的横纵关系图

二、治理主体：多元治理

马克·穆尔在专著《创造公共价值：政府战略管理》中指出，公共治理的核心使命在于创造公共价值，以政府为主体的公共部门应该寓治理于依靠多方参与的网络化社会。同样，作为公共治理的城市治理，主体多元且平等、结构扁平网络化、协商沟通重合作，能够更好地协调政府、市场、社会三者的关系。随着我国政治经济体制的不断深入改革，人口向城市迁移，在整个城市管理体制领域，过去僵化保守的政府管理思维方式已经难以应付目前多变的城市环境。构建政府、市民、社会多元共治、齐抓共管的城市治理格局是现代化城市治理体系和治理能力的重要特征。党的十九大以来，坚持"以人民为中心"被确定为新时代坚持和发展中国特色社会主义的基本方略之一。调动市民、社会组织等多元主体参与城市治理已成为适应城市发展的要求，有助于更好地改进城市治理，不断提升市民群众的满意度。

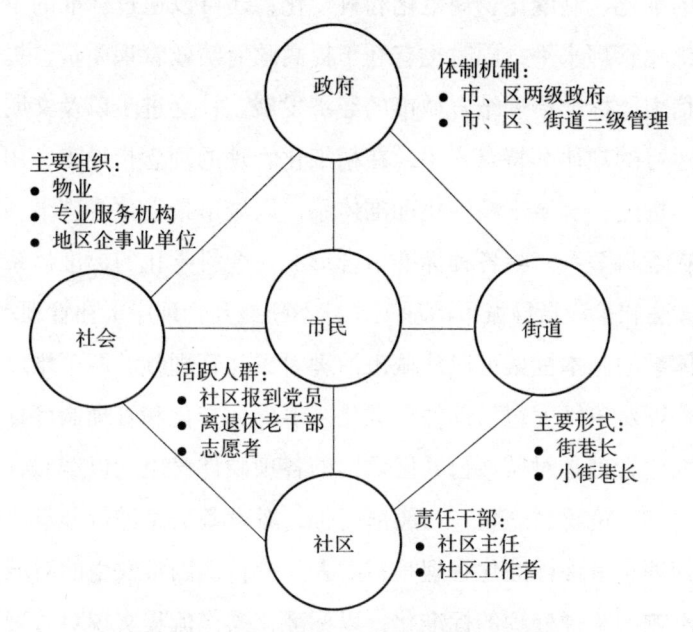

图4-3 以人民为中心的城市多元治理主体

传统治理模式一般以政府为主要行动者，以层级制为主要组织特征，社会治理理论则主张社会多元主体共同参与社会治理，强调公众与政府的协同

39

治理作为社会治理的制度创新，多元共治主要包括四大特征：多元主体，开放、复杂的共治系统，以对话、竞争、妥协、合作和集体行动为共治机制，以共同利益为最终产出。多元共治不是政府退出，不是"小政府、弱政府"，而是"小政府、强政府、大社会"的共同治理模式。同时，由政府主导的单向式管理向多元共治的互动式转变，治理主体的范围也在进一步丰富，街巷长、小巷管家、社区报到党员、离退休老干部、驻区企事业单位等主体在各地治理实践中纷纷涌现，成为推动多元治理的新力量。

三、治理过程：标准治理

城市治理是一个多目标、多功能、多层次的综合性工作，精细化管理离不开一套有效的标准体系，就标准所体现出来的可衡量、可比较、可具体、可操作的特性而言，标准就是城市精细化管理的具体目标，该目标不仅可以实现管理的细化、制度化、规范化和科学化，还可以通过标准的不断升级提升城市精细化管理水平，同时也有利于提高政府绩效管理质量，提升服务型政府的公信力。标准治理结合城市的经济发展、社会进步以及文明程度，从城市自身运行的规律和特点入手，在精细化管理的理念指导下，用指标、数字、模型等构建一套城市精细化标准体系，以城市精细化管理事项、管理领域及其内在逻辑关系，将各种标准组合形成一个科学化的标准体系，以体系化的科学方法和手段指导城市治理工作，不断提升管理层次和管理水平。

标准体系的基本框架可以从城市治理对象和管理领域两个维度构建，具体而言，管理对象维度包括部件标准化、事件标准化和管理制度标准化，其中部件标准化管理是对城市公共区域内的各项硬件设施加以编码，每个编码记录部件名称、位置、现状、归属部门等，对设备信息进行分类建库以及信息化运行管理；事件标准化管理是指对人为或自然因素发生的对城市环境和秩序产生影响的事件处理的标准化，以标准化操作流程实现对管理目标的正常恢复；制度标准化管理是对城市治理的各种规章、组织架构、职责清单、权力清单、管理流程、管理基本点、考核办法等一系列制度的标准化管理。管理领域层次维度包括市政市容、食品安全、城市交通、城市环境、应急管理、城市生态等多个方面，按其针对领域不同，分别针对部件、事件、制度编制标准。在具体标准编制时，还需将其进一步细化，包括一级标准点或者二级标准点，以及标准内容等。

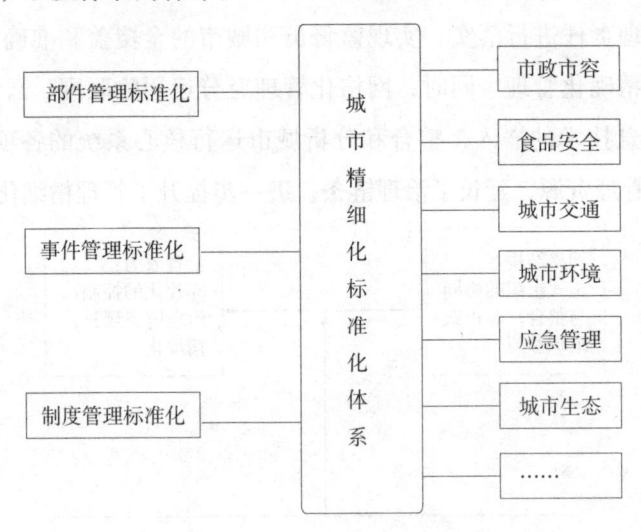

图4-4　两个维度的标准治理体系

四、治理对象：网格治理

政府在网络治理中将会发生根本性的角色转变，这是美国学者Stephen Goldsmith 和 William D. Eggers 对政府角色的重新认识，并认为政府在网络治理中应采用一种崭新的治理模式，与其他社会组织联合共同提供公共服务。与网络治理一样，城市治理作为一种有效的公共治理的工具和方法，更多地体现在网格治理上。城市网格治理将城市治理的各种资源及其所管理的对象划分在单元网格中，并依托信息化技术和协同工作模式，对网格形成有效的关联机制并实现网格间资源协调调度和共享，从而形成一种网格化的城市精细化管理。

将网格作为城市精细化的基本管理单位，体现出精细化管理的颗粒度。从治理边界看，实践中常见采用万米单元网格，即每个网格大约为100米 × 100米，将整个城市区域划分为无数个面积约为1万平方米的单元，各个网格单元互相连接，形成不规则边界线的管理区域。从治理内容看，网格为城市规划、建设和管理的精细化程度提供了精确定位的载体，从城市部件管理向事件管理的动态综合治理拓展成为可能，并能够将城市治理内容分层、分类地逐步细化。从治理主体看，主要由网格监督员对所分管的网格单元上的管理对象、管理责任进行落实，实现监督员和城市的全覆盖和准确定位，实现小区域分块精确化管理。同时，网格化管理充分运用物联网、云计算、移动互联网等信息技术的嵌入，整合和分析城市运行核心系统的各项关键信息，整合了末端管理资源，延长了治理链条，进一步提升了管理精细化水平。

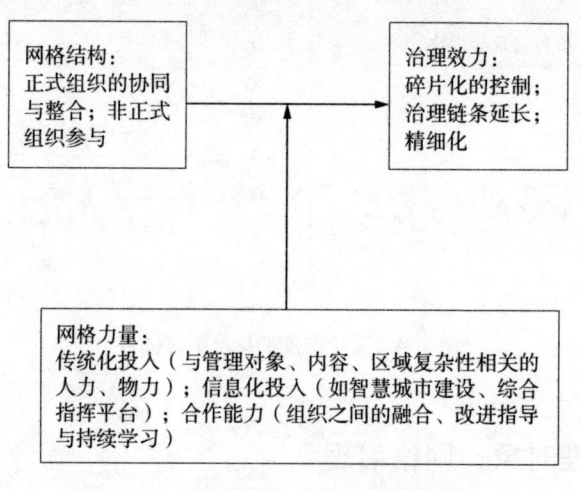

```
┌─────────────┐         ┌─────────────┐
│ 网格结构：   │────────▶│ 治理效力：   │
│ 正式组织的协同│         │ 碎片化的控制；│
│ 与整合；非正式│         │ 治理链条延长；│
│ 组织参与    │         │ 精细化      │
└─────────────┘         └─────────────┘
       ▲
       │
┌───────────────────────────────────┐
│ 网格力量：                        │
│ 传统化投入（与管理对象、内容、区域复杂性相关的│
│ 人力、物力）；信息化投入（如智慧城市建设、综合│
│ 指挥平台）；合作能力（组织之间的融合、改进指导│
│ 与持续学习）                      │
└───────────────────────────────────┘
```

图4-5　网格治理的结构、力量与效力

五、治理手段：智慧治理

精细治理是智慧治理的必然要求。智慧治理理念下的城市精细治理要求城市治理手段精确匹配，城市治理成本精打细算，城市治理绩效精益求精。智慧治理充分考虑物联网、云计算、移动互联网等信息技术的嵌入，形成城市智慧大脑，整合城市运行核心系统的各项关键信息，延长治理链条、整合末端管理力量，进一步运用城市智慧大脑提升管理精细化水平。

智慧治理促进了城市静态治理与动态治理的整体效能大大提升。静态治理通过城市运营管理中心，整合所有城市机构和部门的信息来制定更好的策略，智慧治理将"上级部门—下级部门"的线性管理模式二维化，形成由不同管理领域和不同管理层级组成的网格化结构，同时利用强大的数据分析能力解决潜在的问题,通过对城市管理多个部门的互联和整合,有效提升跨部门决策和资源协调,增强常规化城市运行能力,典型的如智慧交通、智慧医疗、非接触性执法等。动态治理通过城市运营指挥中心,形成一个集成、智慧、高效的城市综合管理平台,对城市动态变化进行实时监测,辅助城市管理者处理日常和应急事件,快速捕捉城市运行过程中的问题,并及时予以处理,为城市提供常态化运行和突发性应急的可视一体化管理网络,更多地强调了治理效能的提升,典型的如应急动员、食品安全追溯、智慧卫生监督、城市大脑等。

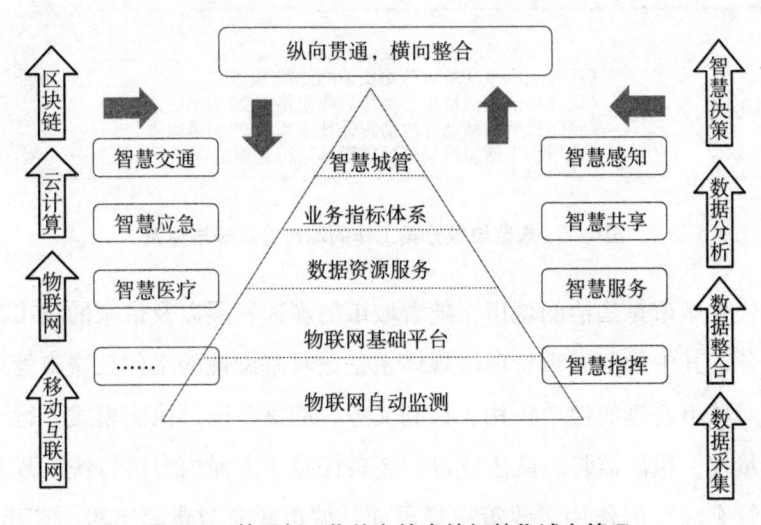

图 4-6　基于新一代信息技术的智慧化城市管理

六、治理行为:依法治理

城市精细化管理具有依据法制化、过程规范化、手段科学化、效果可控化、评价标准化等特征和基本要求,这些特征和基本要求需要通过正式的法律法规体系加以制定和不断地完善。城市精细化管理的法规体系是指能够保障城市精细化管理的相关理念、标准、政策、措施得以落实与实现的各种法律、规章、规则的集合,并在不断调整完善的基础上保障相关政策形成相应的运作模式,最终提高城市精细化管理水平。同时,这一法律法规体系能够保障城市精细化管理的以人为本、精确、高效、协同、持续等理念在全社会形成价值认同。

- 43 -

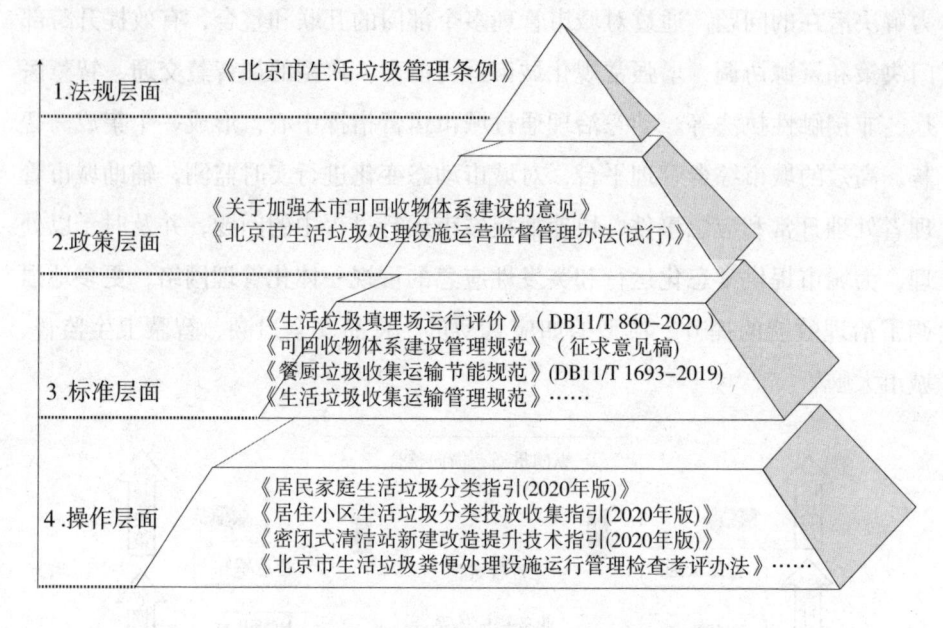

```
1.法规层面    《北京市生活垃圾管理条例》

2.政策层面    《关于加强本市可回收物体系建设的意见》
              《北京市生活垃圾处理设施运营监督管理办法(试行)》

3.标准层面    《生活垃圾填埋场运行评价》（DB11/T 860-2020）
              《可回收物体系建设管理规范》（征求意见稿）
              《餐厨垃圾收集运输节能规范》(DB11/T 1693-2019)
              《生活垃圾收集运输管理规范》……

4.操作层面    《居民家庭生活垃圾分类指引(2020年版)》
              《居住小区生活垃圾分类投放收集指引(2020年版)》
              《密闭式清洁站新建改造提升技术指引(2020年版)》
              《北京市生活垃圾粪便处理设施运行管理检查考评办法》……
```

图4-7 规范垃圾分类工作的城市管理法规体系

现代化城市是法治的城市，随着城市的高速发展以及带来的城市治理的艰巨任务，其中规范城市管理法规体系是最具基础性的工作。城市管理法律层面，对城市管理的性质机构、权利义务、职责范围、执法模式、行政执法自由裁量权、执法监督、队伍建设、装备保障等方面内容进行统一规范，起到"城管宪法"的作用。政策法规层面，城市政府对市容市貌、环境卫生、户外广告、生活垃圾处理、城管综合执法、违法建设、乱摆乱卖等，根据本地区的地域特征、经济发展水平、城市分布和规模、人口流动特点和城市发展趋势等制定相应的城市管理法规。操作层面，城市管理主管部门提出更加具体的工作目标、内容和措施，使城市管理具有更强的针对性和操作性。如北京实施的垃圾分类工作中，《北京市生活垃圾管理条例》作为全国第一部生活垃圾管理方面的地方性法规，以及相关的政策、标准和操作指引为北京市生活垃圾源头减量、健全分类投放运输收集体系等工作提供了重要制度支撑。

七、治理控制：绩效治理

实践证明，加强考核评价是有效提高部门间统筹与合作程度最有效的手段之一，将绩效理念引入城市治理中是保证精细化管理过程中行为与效果一致性和组织结构形成整体治理的有效环节。科学的城市治理绩效评价就是对城市政府治理的工作行为与结果进行确认并评价的综合性过程。其中，对于整体治理的部门间协调程度是城市治理绩效的重要考量，将部门协调事项办理情况（响应时间、办结率等）纳入相关部门的绩效考核。同时，考评结果作为政府信息公开内容，接受城市治理不同主体的监督，进一步从根本上提升各职能部门的责任意识。在城市精细化管理过程中，抓住绩效管理这个"牛鼻子"，有助于整体部门的形成和区、街道之间的协调，从而切实保证部门间的无缝衔接，为促进城市治理精准模式提供有力手段。

与其他政府绩效考核不同的是，城市治理绩效能够充分利用网格化信息平台的数据，对区属委办局、街道等的组织绩效评估以及公务员、网格员等个人绩效进行客观、公正的评估，通过绩效评价促使各部门改进管理、完善资源配置、加强过程控制，实现城市治理效能的提升。牵头的评估主体应明确评价职责，评价内容既不重复，又没有遗漏，评价指标注重部门之间的沟通、协调指向。绩效信息应保持一致，这样才能达到协同、整合的目的，特别指出的是对区属委办局、街道的考核应由区委区政府成立的考核评价领导小组统一组织。考评结果纳入考察领导干部政绩内容，纳入政府信息公开内容，纳入领导干部问责内容。

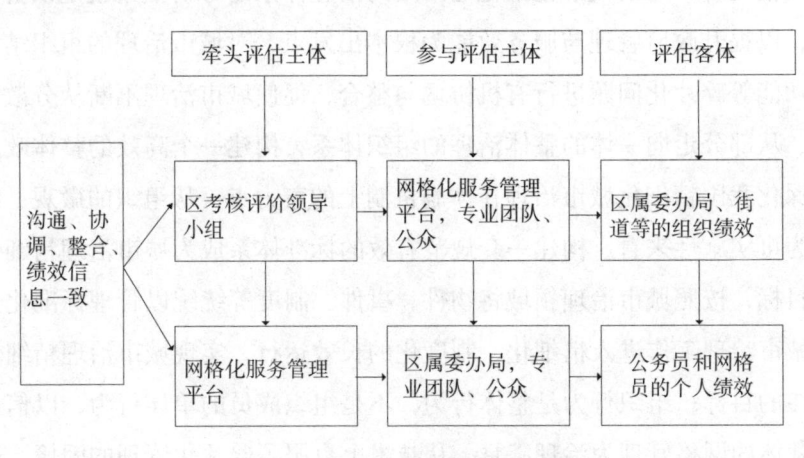

图4-8 评估的主客体与绩效治理

第三节　城市精细化治理体系的理论模型

习近平针对城市治理工作曾指出："不少干部的思想观念和知识结构还不适应城市发展的要求，主要靠过去的经验管理城市，甚至靠主观意志和个人偏好管理城市，造成不少城市或多或少的个人印记。"[1]可见，我们的城市精细化管理不能仅凭城市治理者的个人经验，同样需要凝练实践经验，深化理论认识，同时根据时代变化不断修正理论和指导实践，实现理论创新和实践创新的良性互动。

以上分析，将治理过程中的城市治理视为一个系统组织，其所处的外部环境和内部各种因素共同作用下，形成了"组织结构—组织目标—行为过程—行为评估"的逻辑关系，为达到城市精细化管理的要求，形成了"治理结构—治理主体—治理过程—治理对象—治理手段—治理行为—治理控制"的逻辑关系，为达到城市精细化管理的要求，以上各要素应分别构建"整体治理、多元治理、标准治理、网格治理、智慧治理、依法治理和绩效治理"七维度的治理体系。

概括而言，所谓城市精细化七维度的治理体系的分析框架就是以公众为中心，以提升政府管理与服务效能为根本出发点，对城市治理的组织结构层级、功能等碎片化问题进行有机协调与整合，促使城市治理不断从分散走向整合、从部分走向一体的整体治理的组织体系，构建一个高效的整体政府是目前深化我国精细化城市治理在体制机制上的着力点；从组织的微观、细化和行为可实施性来看，构建一套规范有效的标准体系成为城市治理精细化的具体目标，按照城市治理领域将物件、事件、制度等统统以管理标准化全覆盖，城市治理工作进入精细化、制度化的长效运行，实现城市治理精细化实实在在的目标；组织行为是整体行为，不是组织成员的单体行为，以信息技术为载体的网格管理为治理工具，从技术上克服了碎片化管理的困境，进而

---

[1] 习近平.在中央城镇化工作会议上的讲话（2013年12月12日）[M].十八大以来重要文献选编（上）.北京：中央文献出版社，2014：606.

为城市和公民提供无缝隙的管理和服务；绩效评估既能公正公平考核职能行为，又能修正过度分权带来的弊端，是城市组织运行过程中保证精细化管理行为与效果一致性的有效环节。城市精细化七维度的治理体系高度凝练了实现精细化治理所要考虑的基本要素，初步构建一个城市实施精细化治理的整体行动方向，对于促进城市精细化治理具有重要的理论意义和应用价值。

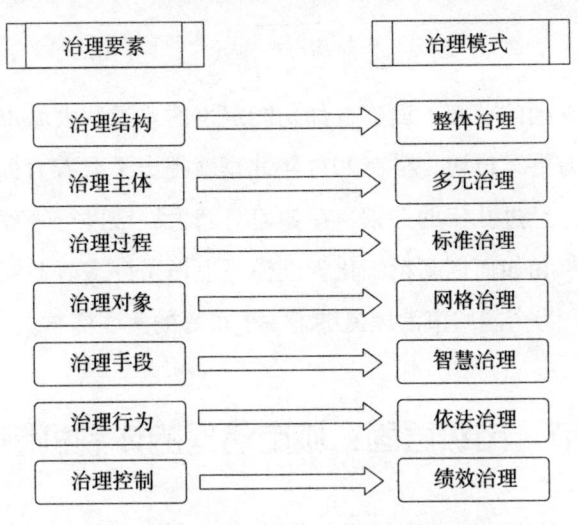

治理要素	治理模式
治理结构	整体治理
治理主体	多元治理
治理过程	标准治理
治理对象	网格治理
治理手段	智慧治理
治理行为	依法治理
治理控制	绩效治理

图4-9 城市精细化管理七维度的治理体系

第五章 城市精细化治理的北京经验与实践

北京作为本国的首都，面临首都功能定位的要求和大城市病的压力，提高城市治理能力更为迫切。早在2011年北京就提出了要着力提高城市精细化服务管理水平，经过几年的探索，在如何对超大城市进行管理、如何深化城市治理体制改革和如何创新精细化管理模式上做了许多有益探索，取得了一定的实践成果，为全国城市治理提供了一个很好的实证样本。

第一节 市级层面：城市治理的体制机制改革

经过近几年的实践，北京从"吹哨报到"改革，到"接诉即办"，再到党建引领首都基层治理现代化，重构了市区、街道等城市治理构架的管理体制和运行机制，改革的内涵不断丰富，体系不断健全，成为以实践为导向的超大城市治理在体制机制改革的一种新的探索，形成一批可复制、可推广的城市治理的北京经验。

一、吹哨报到

"街道吹哨、部门报到"这种新兴机制，起源于2016年北京平谷区，后经市委的宣传和推广后被北京市各街区结合自身实际情况进行完善。2018年年初，北京市正式印发了《关于党建引领街乡管理体制机制创新，实现"街乡吹哨、部门报到"的实施方案》，作为北京市"一号课题"在各区同步推广试点。

1. 困境溯源

由于科层制在权力和资源配置上存在着权责不配和激励偏向的问题，从上到下逐级减弱，与之相反的却是，责任压力逐级放大，呈现出"倒金字塔"特征。作为区级政府的派出机构，街乡这个"块"相当多的工作是在完成上级"条"交办的任务，在基层治理中开始承担越来越多的职责。尤其是属地管理原则不断强化，各层级政府机构"上下对口"、工作压力层层传导，街乡层面的权责失衡的情况非常明显，其对于"条"上的各种资源根本无权调配。城市基层治理的超负荷、运动式以及"条块部门"矛盾日趋突出，难以有足够的权力、资源和能力积极回应治理诉求。

为了解决基层治理中街乡面临的"条块"矛盾与权责不对等问题，"街乡吹哨、部门报到"通过将区级职能部门的执法权、考评权等部分权力下沉到街道，赋予街乡更多权力，增强街乡统筹协调功能，使得街乡可以整合各种"条"的力量资源，缓解职能部门与街乡之间的"条块"矛盾，破解基层治理条块分割、有责无权等问题，提升城市基层的治理效能。

2. 制度逻辑

报到启动机制。街乡向拟解决公共问题相关的委办局吹响"召集哨"，上级职能部门必须在限定时间内向街乡报到，强调的是上级部门赋予一线基层治理主体"吹哨"权与一线基层治理主体自下而上地要求上级部门履行"报到"责任。除此之外，赋予基层一定的考评与建议权，重构了传统科层组织结构中上下级间的权力与责任。以北京市为例，包括辖区重大事项建议权、综合事项统筹协调和督办权、区政府派出机构领导人员任免建议权、综合执法派驻人员日常管理考核权。按照自下而上的逻辑，以"块块""吹哨"驱动"条条""报到"，实现了属地管理权力与责任的有效匹配，进而推动职能部门资源整合和力量下沉。

协同共治机制。"吹哨报到"以协同共治的形式，实现基层"条块"力量和治理资源的无缝对接。吹哨权的行使主要依赖街乡管理者对治理问题的觉察和判断。就实质要件而言，启动"街乡吹哨、部门报到"机制的问题必须是反映公民的强烈需求、公共治理重点工作和具有现实紧迫性的。街乡就自身能力不能解决的问题,向区级政府吹哨,区级政府通过综合执法平台进行会商协调。按照职责清单,通过指定牵头部门带领其他部门一起下沉到街乡解决问题,赋予街道参与、协助、配合的职责,同时明确了主责部门。各部门从各自职责出发一起协商施策,提出解决方案,破解了行政执法中存在的推诿扯皮和碎片化等问题。

事后评价机制。主要以人民群众满意度作为运行效果的评价标准,主要内容包括留痕考核、完善研判、结果反馈、引入第三方评估等。街乡根据部门的报到情况进行评价,区级政府对"吹哨"案件的解决情况进行综合评价,实现"上下"综合评价。区级平台定时对本区问题处理情况进行追踪、研判,查补漏洞,形成同类问题的经验性解决方案。

3. 改革成效

"吹哨报到"改革是一场"自下而上"问题驱动代替"自上而下"科层规则驱动的治理逻辑的变革。2018年年底,中央全面深化改革委员会第五次会议审议通过了《"街乡吹哨、部门报到"——北京市推进党建引领基层治理体制机制创新的探索》,受到中央层面的肯定。

二、接诉即办

接诉即办是北京城市治理的一种制度创新和体制机制创新,启动于2019年年初,是在"街乡吹哨、部门报到"基础上推出的创新举措,旨在打通社会治理的"最后一千米",补上服务群众的"最后一米"。北京市各区从本地情况出发,进行了积极的实践探索,海淀区的"五子工作法"、大兴区的"六步工作法"等都卓有成效。

1. 困境溯源

现代城市治理面临场景复杂、服务低效和沟通不畅等问题,政府获取最直接、覆盖群体广泛、时效性强的城市基层问题成本较高,传统治理难以满足现代化城市规划和发展的瓶颈,导致传统的治理模式在现代治理场景中存在信息不对称以及服务低效率等现实阻碍。在我国现实层面,传统的治理模式多为从上而下的单向驱动，往往导致政府的政策指向和资源配置与民众的真实需求产生多种错位，社会治理过程中常常会面对难以解决的悬置性、累积性、疑难性问题。同时，基层治理的重要主体是民众，公众治理参与的匮乏是城市基层治理陷入困境的重要原因，有效引导基层群众参与公共治理有助于破解基层治理难题。城市治理是专业性比较强的工作，群众没有知识、水平和能力参与城市事务治理，久而久之容易使得城市政府与民众之间距离加大，导致民众治理主体作用发挥得不够充分。基层治理单向化、居民群众参与热情不足、社会参与被动化问题不同程度地存在，极大地降低了城市的社会治理能力。

"接诉即办"的出现为这一治理困境提供了新的解决方式，以12345市民服务热线为主渠道的群众诉求快速响应机制，能够便捷地帮助群众通过意见反馈的方式参与城市治理，增加了人们在城市公共事务方面的参与行为和热情。通过"接诉即办"推动各级政府对群众诉求快速响应、快速办理、快速反馈，增强政府社会管理能力。在这一机制的赋权、赋能下，实现多元主体之间的协商和对话，帮助政府和社会在公共决策和服务方面达成共识，提高科学决策水平、改善公共服务质量，切实增强人民群众的获得感、幸福感、安全感。

2. 制度逻辑

诉求快速化响应机制。构建畅通的诉求表达渠道，让治理决策充分体现公众的治理偏好，成为突破基层治理困局的关键。整合各部门热线成为综合性的政务服务平台，通过市民服务热线（12345）、媒体曝光、互联网及第三方评估机构等平台直接受理市民群众的合理合法投诉和咨询，让民众足不出户就能解决面临的问题，并且统一的政务电话平台避免了冗杂热线的识别困扰，极大便利了群众的日常生活。政府与民众沟通的制度性渠道和快速响应机制，实现政府对城市治理的痛点、难点的全方位感知、对群众困难的精准化掌握，为政府感知民意、回应民意、顺应民意和科学决策创造了条件。

办理流程化解决机制。在实践工作中，"接诉即办"一般由接听受理、分拣派发、签收响应、办理回复和回访考核五个工作流程组成。"接诉即办"对诉求办理采取了直接派单机制，减少中间环节，让政府和部门分别接单，形成了分层分级解决市民诉求的体系。对于跨地区、跨部门的事项，实行首接单位负责制，调度市、区人民政府职能部门及公共服务企业办理。在实际工作中，包括常规性问题的程序化解决、积累性问题的突破性解决、疑难性问题的创新性解决。

问题平台化协同机制。"接诉即办"的最强大脑是接诉即办调度指挥中心，它是诉求数据信息的聚合平台，也是诉求问题处理的统筹协同中心，集聚相关治理主体的力量，具有扁平化、开放性、专业性特点。群众诉求需要解决的问题，很多时候需要跨行业、跨区域和跨部门"条块一起办"，这就要注重发挥调度指挥中心的统筹作用，不仅要做好快速精准派单，同时也要做好派单审核会商机制，有效聚合各方资源，实现政府整体治理协同是解决疑难复杂的群众诉求的关键良方，通过条块结合、上下协同的指挥，推动诉求的有效解决，是"接诉即办"的质量保证。

效果指标化评价机制。针对"接诉即办"，北京市选择了最直接和最有效的评价方式，由当事人进行主观评价，以响应率、解决率和满意率这些指标进行评价，其中，响应率衡量态度，解决率衡量效率，满意率衡量结果。考核催生的问题导向和倒逼机制，避免了对疑难复杂的群众诉求因权属不明等原因被搁置的现象。这些指标直接与各基层领导干部绩效挂钩，以日常考核的形式强化监督问责。街道、区属部门将"接诉即办"工作纳入区政府年度绩效考评，承担公共服务职能的企事业单位"三率"综合成绩转送给相关市级部门，作为行业监管和党建评价的依据。通过排名，更加突出解决问题的导向和实现群众满意的目标，促使基层单位及时将公民诉求转化为政府要解决的问题，政府治理有了针对性方向。

3. 改革成效

"接诉即办"的实施，市民群众从下至上的诉求与政府从上至下的压力，引导全市各级党员干部朝下看、往下走、办实事，将对上负责与对下负责结合起来。2021年，《北京市接诉即办工作条例》的颁布和实施，标志着"接诉即办"工作从领导强力推动，发展到依法依规办理的法治化新阶段。

"接诉即办"的实施，降低了政府获取信息的成本，丰富了民众参与治理的渠道，提升了社会治理的民主性和科学性，强化了社会整体治理的水平。按照《北京12345热线2019年度数据报告》统计，2019年北京市各单位已经实现响应率100%，诉求解决率从53.09%提升到74.96%，满意率从64.61%上升到87.26%。

"接诉即办"的实施，城市居民通过媒体、电话和网络等途径日益广泛地参与到城市治理之中。从2019年启动"接诉即办"工作到2020年年底，12345热线共受理来电1800万件，其中2020年有440万市民通过热线反映了1100多万件诉求，这440万市民实际上参与了北京的城市治理。

三、党建引领

在"吹哨报到""接诉即办"改革中，北京通过完善党建协调委员会功能和延伸覆盖功能来充分发挥党的政治优势和组织优势，对党委、政府、社会、公众等各方主体的角色进行定位，使得他们各自的治理能力得到应有发挥，实现了党领导多元治理主体的又一次制度创新。

1. 困境溯源

"集体行动困境"是城市治理中经常存在的一种现象，是个体理性导致集体非理性的悖论现象。典型的如不同职能部门在"集体行动"中，由于"条块分割"、分层管理的行政体制等因素影响，采取一些最终导致非理性后果的行动。在中国的基层社会治理中，由于中国共产党作为执政党，具有统筹协调所有社会成员利益使公共利益最大化的作用，因此总体性的"集体行动困境"局面能够很好地从根本上被避免。

党的十八大以前，基层社会治理中存在着基层党建缺位、党组织嵌入基层社会治理程度不够、基层党组织在一定程度上弱化的现象，进而导致各级党组织成为基层社会治理的"局外人"，基层党组织的权力难以有效延伸到基层社会。其总体后果是造成了基层治理结构分散化、治理资源碎片化、治理成效短期化等一系列弊端。简言之，基层治理效能低下的重要原因在于"整合乏力"，基层治理缺乏强有力的统合核心。

以往北京市的城市管理体制改革，基本思路是"条专块统"，发挥职能部门的专业治理优势和街道乡镇的统筹协调优势。但这些改革都是更多地重视管理机构在城市治理过程中的技术性功能，忽略了城市治理过程中整体性功能的建构问题。而整体性功能的建构，必然要求强化党的领导与基层治理之间的内在联系，强化各级党组织在职能机构技术性功能发挥过程中的全局性协同作用。实践证明，如果各级党组织在城市基层社会治理中的作用不能发挥，基层治理必然面临各种资源壁垒、信息壁垒、权责壁垒的阻滞，相应改革也必然缺少整体性和协同性。

2. 制度逻辑

突出政治功能，彰显基层党组织在城市基层治理中的政治引领作用。如在疏解整治促提升专项行动中，党员干部冲在前面，党员被派到一线去，支部建在项目上，基层党支部发挥战斗堡垒作用，带动广大群众拆除违法建设，顺利完成了大体量拆违任务，"脏街"变"靓街"，获得了群众的一致赞许。

强化服务功能，增强基层党组织在城市基层治理中的服务群众作用。以服务群众为出发点，把群众需求放在第一位，把群众的要求转化为基层党组织做好城市基层党建工作的内生动力，着力解决好群众反映强烈的突出问题，把关系群众切身利益的实事扎扎实实办好，把一件件"民生工程"办成"民心工程"。如挨家挨户解决群众顾虑，确保老旧小区加装电梯工程顺利完工，成功破解了民生难题，赢得了群众支持。

注重统筹协调，提升基层党组织在城市基层治理中的资源整合作用。基层党组织主动统筹辖区和社会资源，支持、协调和指导各类社会组织发挥优势，推动共建共治共享。统筹社会力量，采取党建联席会议制度，以"轮值主席""圆桌议政""居民问政"等民主协商方式，构建城市服务管理网格化体系，有效调动和组织多方力量共同参与城市基层治理，以基层党组织的柔性管理推进城市基层治理和谐有序运行。

加强组织动员，强化基层党组织在城市基层治理中的团结凝聚作用。全市基层党组织认真履行组织群众、宣传群众、凝聚群众的职责，团结动员广大党员群众参与城市治理，凝聚起基层治理的强大合力。在党组织和党员的引领下，全市涌现出"朝阳群众""西城大妈""丰台劝导队""顺义老干部"等群防群治品牌，在城市基层治理中发挥了重要作用。

3.改革成效

党的十八大以来，北京市充分发挥党组织在城市基层治理中的作用，发现城市基层党建工作特点规律，调动人民群众参与城市治理的积极性、主动性和创造性，实现人民城市人民治理。探索党建引领城市基层治理的有效路径，打通辖区内各单位之间沟通协调的通道，推动基层党建工作与企业、机关、学校、科研院所、社会组织等领域党建工作的深度融合，形成共驻共治、共建共享、条块结合、统筹推进的城市基层治理工作体系。用党的强大组织力撬动和整合社会资源，推动各类社会组织、市场主体、广大群众深度参与基层治理，凝聚首都市域社会治理的最大公约数，不断提升党建引领城市基层治理的精细化管理水平，为建设国际一流和谐宜居之都提供了坚强保障。

第二节 区级层面：城市精细化治理的改革实践

一、东城区：加强统筹与重心下移

推动城管工作重心下移。针对街道层面管理力量薄弱的问题，东城区着重加强街道（地区）城市治理的统筹协调，设置街道（地区）环境委为辖区城市治理总的议事协调平台，设置街道综合执法协调领导小组为街道综合执法协调平台，明确街道城市治理科为本街道城市治理的主管科室，承担街道环境办工作和相关环保工作职责。整合网格化服务管理分中心、为民服务分中心为"网格化服务管理中心"，负责城市治理案件和便民服务案件的接收、派遣、督办和反馈，增加城管执法辅助性事务性工作职责，统一管理和调度指挥街道网格人员，切实让街道（地区）有能力承担起城市治理的主体责任。

调整区、街城市治理执法体制。东城区城管执法局负责街道执法队的业务指导、专业培训和执法监督，街道城管执法队实行双重管理、以街道管理为主，仍作为区城管执法局的派出机构，以区城管执法局名义进行执法，相关行政复议和应诉的具体事务由街道办事处负责办理。整合各方力量，执法力量向基层倾斜，按照一线执法人员数量不低于90%的要求，将区城管执法局相关编制划转至各街道，使街道（地区）真正有一支可直接调度指挥的城管执法队伍。

全面推行街巷长制。制定了《东城区街巷长制实施办法》，探索由属地"两代表一委员"、社会单位、自治组织、志愿者代表担任街巷长，街巷长负责整体谋划街巷胡同维护治理的计划方案，对街巷胡同存在问题进行决策、协调并监督整改。发展和组织"小巷管家"、环境理事会、城市治理志愿者等各种力量参与城市治理，使各种力量在末端得到综合，营造社会各界广泛参与城市治理的良好氛围。

二、西城区：全响应模式与标准化

开创"全响应"网格化的社会治理模式。近年来，西城区逐步探索出以需求为导向、服务为核心、街道治理为重点、市民广泛参与和信息化支撑的多元化的"全响应"网格化社会治理模式。一是将原城市治理网格、社会面防控网格、社会管理网格进行统一调整，按照权属和服务管理人口数量等要素合理划分网格责任区，在全市率先完成三网融合。二是根据"基础力量一员一格、专业力量一员多格、响应力量一格多员"的标准，重点落实街道、社区工作者、综合协管员、网格执法员、楼门院长等的工作责任和督查力度。三是实现了区、街调度系统对接，逐步实现对社会服务管理事项的监控、预警、上报、处置、分析、监督评价的全生命周期管理。2017年11月，全响应区、街、社区三级平台共处置各类问题58590件（含民情日志48028件）；办结56761件（含上月接转案件）；办结率为96.88%。

开展分类分级管理综合标准化试点工作。为落实北京市政府关于实施首都标准化战略的工作要求，西城区制定了《城市环境分类分级管理标准体系》，该体系首先在政务、商业、金融、风景、交通、休闲和生活7个不同功能区域的基础上进行分级，按照不同级别匹配资金、人力、资源等。其次，整个标准体系包括251项标准，分为通用基础标准、分类分级管理标准、专业支撑标准和监督考评标准四个部分，包括城市建设、管理领域在作业、执法、检查的标准和监督、考核和评价标准。该标准体系在全国尚属首次，有效提升了西城区的城市治理效能，在全国是个创新。

三、朝阳区：全模式服务与社区协作

建立"全模式"社会服务管理模式。在总结"网格化"城市治理的经验基础上，朝阳区建立了"全模式"社会服务管理系统，与城市治理网、社会服务管理网、社会治安网这三个网实现融合。该系统在"街道—社区网格—居民自治小组子网格"三级网格基础上，对网格内人、地、事、物、组织等要素逐一建立分类数据库。按照人口状况、市政管理、城市秩序、社会稳定、治安秩序、为民服务、扶贫帮困等建立上下对应的数据库和电子图层，量化统计、量化分析和量化评价城市治理所涉及的各种情况和问题。截至目前，该系统包含应急管理、城市治理、综治维稳、安全生产、社会事业、服务保障等11大模块，居民生活的3452项社会事务全部得到数字化、精细化管理。

充分发挥社区等社会力量。为了克服城市治理人力不足的困境，朝阳区发挥社会多元主体力量创新社区自治，参与社区治理主体包括街道办事处、社区党组织、居民委员会、业主委员会、物业管理公司、企事业单位、志愿者及居民。如建外街道永安里东社区成立了由城管、居委会、物业公司和单位人员共同组成的社区环境治理委员会，广泛动员各方力量参与社区管理，物业人员组成的社区网格员队伍督查和及时处理网格内发生的案件。高碑店乡兴隆家园社区成立了心连心社会组织联合会，将原有零散社会组织结合为有机整体，按照功能划分为分区平安部、为民服务部、文化创新部、志愿培训部和企业联盟部五个分部，各分部在提供服务、开展公益活动的同时，推进居民自治，充实和延伸了社区力量。

四、海淀区：融合平台与考评体系

融合平台大幅提高城市治理效率。按照便于服务管理的要求，海淀区以万米网格为最小管理单位，对网格内事件进行管理、服务和监督。全区共划分643个网格，其中有620个社区网格、19个重点单位网格和4个道路网格。2016年，海淀区上线了"网格化系统融合分析平台"，该平台进一步将网格化社会服务管理系统进行资源整合，实现了业务融合、系统融合和时空融合，同时明确管理的标准和流程，建立起相应的组织保障体系，并配置信息化技术手段，通过数字技术的嵌入，延长了治理链条，提升了管理精细化水平。

考评体系科学保障城市治理运行。海淀区对涉及城市治理工作的28个区级部门和29个街镇主体进行综合考核。街镇依据城市发展状况分为建成区、城乡接合部和北部地区三类。考评体系主要有现场检查、执法过程、专项、网格化城市服务管理系统和社会评价五方面，不同部门根据确定的考核指标细化到四级指标，赋予不同权重进行综合评分。其中13个区级部门涉及现场检查考核和执法过程考核，15个区级部门只涉及执法过程考核。其中，现场检查考核对城市治理的问题发现和问题解决两方面进行考核评价，侧重于问题解决。执法过程考核主要考虑执法量和数据信息，侧重于执法量。

五、石景山区：党建统领城市基层治理

加强统领，让党的领导强起来。坚持以问题为导向，通过几年的实践并不断完善，初步形成了具有石景山特色的党建统领城市基层治理的工作模式。2014年启动了区城市管理体制改革，并被确定为北京市城市管理体制改革试点和全国综合行政执法体制改革试点。区级层面建立了城市管理系统归口管理机制，负责统筹领导、组织协调和监督指挥城市管理各项工作，凸显了党建统领的重要性。区环保局、园林绿化局、公园管理中心、城管执法局、民防局、地震局、城管监督指挥中心、环卫中心等实行归口管理，在城管工委和综合管委的统一领导下，实施城市管理系统职能职责、工作目标和标准、行政审批事项、重要工作、监督考核"五项综合"，对60项城市管理领域区级行政审批事项实施集中受理、一站式办公，对道路养护、防汛供暖等10余项应急处置工作进行集中统一管理，通过一口组织、集约运行，发挥职能管理合力，提升城市治理效能。

重心下沉，让基层力量实起来。在各街道设立社会治理综合执法指挥中

心，从末端执法入手破解城市病，由街道主任担任指挥中心主任，全面负责辖区社会治理和综合执法工作。将各街道城管分队由区城管执法局统一管理改为双重管理，以街道管理为主；抽调公安、食药、安监、环保、工商、交通、消防等单位的业务骨干常驻街道，各街道综合执法队伍规模接近300人，实行统一办公、统一管理、统一执法、统一装备、统一考核的"五统一"制度。未经派驻街道不能列入处级后备干部，派驻时间不得少于2年，派驻期间党组织关系全部转入街道，赋予街道党工委对综合执法队伍的日常管理考核权和任免建议权。同时，住建委、文委、司法、规划、国土、质监、国税、地税、卫生和人口计生9个部门与街道建立联络员制度，定期参加地区管委会会议，协助解决地区城市管理中出现的各种问题。

明确授权，让综合执法硬起来。区委梳理出区属42个执法主体、4763项行政处罚清单，做到主体明确、权责清晰，确定了380项行政处罚权下沉到街道组织实施，覆盖市容环卫、环境保护、城市绿化、街面秩序、工商食药等各个方面，制定了综合执法工作实施办法、区街两级执法机制、行刑衔接等制度，对违法建设、无照经营、私装地锁等常见"城市病"进行综合分析，针对不同问题研究具体执法流程。进一步厘清执法程序、规范执法行为、落实执法保障，可操作性强，使街道切实承担起属地城市管理的统筹职能。从实践来看，执法力量、执法手段、法律法规的"综合"与"下沉"，有效破解了多头执法、推诿扯皮的问题。

第三节　街区层面：城市精细化治理的创新探索

一、街巷长

街巷长制，是基于背街小巷管理不够精细，一些环境问题解决不及时，缺少统筹等问题而创新建立的，是由政府公职人员担任街巷环境管理的负责人，行使知情权、监督权和处置权，同时配套建立组织保障的一种工作制度。2017年，随着北京核心区2435条背街小巷都有了自己的街巷长，这些街巷长按照"城市管理要像绣花一样精细"的工作要求，行使"知情权、报告权、监督权、建议权和简单事项的处置权"，做好沟通反映、协调督促等穿针引线工作，将公安、工商、城管、物业、房管、社区等相关部门纳入形成治理合力，集中解决了违法建设、开墙打洞、乱堆物料、乱停车辆等环境建设问题。在完成环境治理的基础上，街巷长针对居民关心、关注最多的问题，如停车问题，进行胡同议事、协商共治，为胡同原住民协调路侧停车位等。

西城区金融街街道新文化街的街巷长，通过行使街巷长的职权，将散落在街巷的各方城市建设管理力量统领起来，包括物业、环卫队固定清扫人员、网格队员、城管包片队员、派出所包片民警、社区专职安全员、交通协管员7大类20多人的专职力量，此外还有社区党居站社工、社区志愿者、楼门院长、社区老协、网格员、街道城建综治民生相关科室以及房管所、食药所、工商所科队站所等各类参与力量，形成街巷长、物业等各方力量和居民自治一体化的长效管理机制。

在创新实践中，正是街巷长的"六声哨响"才有了不同城市建设管理力量的整齐脚步。这"六声哨"就是：第一哨，宣传造势。街道第一时间制作了街巷公示牌，并把街巷长的彩色照片和手机电话主动向居民公示。社区还召开居民代表大会，动员大家积极参与背街小巷整治工作。第二哨，巡查摸底。街巷长用一个月时间，建起了新文化街的基础台账和问题台账，为下一步工作奠定了扎实的基础。第三哨，共商对策。新文化街的整治方案搬上了"议事厅"，与大家一起商量如何整治。形成初步方案后，向街道总指挥部汇报，最后形成整治方案。第四哨，分类整治。根据整治方案，把街巷存在的问题进行分类，对诸如共享单车乱停放问题，要求物业随见随处理。对堆物堆料、道路破损等问题，安排社区进行汇总，统一上报到街道总指挥部，然后协同指挥部统一处理。对开墙打洞、违法建设、违规经营等问题，反复做居民思想工作，做通一个立即报告街道相关科室进行联合处置。第五哨，优化提升。把美化环境、提升内涵作为重点，向街道争取各类资源，美化环境，满足居民就近就便的生活服务需求。第六哨，防止反弹。为了保持常态长效，除了每天巡查外，所在社区、街巷物业、街巷理事会成员、热心的"西城大妈"们每天巡查街巷，形成群防群治的大网，把各类问题消灭在萌芽状态。

二、小巷管家

小巷管家，是弥补政府管理不足，发动群众参与，解决背街小巷内易发性、一般性环境问题而建立的。2017年，东城区龙潭街道在设立街巷长的基础上，将"街巷长制"进行延伸，面向社会招募"小巷管家"，让地区居民、辖区单位职工等社会多元主体认领街巷，参与街巷的治理和环境建设，真正调动居民"自己的事儿自己管、自己想、自己做"，增加居民的家园意识与归属感。蔡奇书记先后在《北京晚报》和《北京晨报》批示"东城小巷管家好""东城区龙潭街道的'小巷管家'有利于居民参与家门口的环境治理，值得提倡"。

龙潭街道按照"一街多管家、一巷一管家"原则，广泛动员居民和辖区单位职工认领街巷。结合小巷管家人员特点，本着简便易行的思路，总结了"巡、访、做、报、记、刷"六字工作经。即每日巡，对街、巷环境问题和社会秩序稳定问题，每天进行巡视。经常访，对居民、单位、门店进行经常性走访，了解基本情况，收集意见建议和服务需求。随手做，对不文明行为及时进行劝阻，遇可以自行解决的问题及时处理。实时报，针对自己力不能及的事项及时上报街巷长，并对街巷长工作落实情况进行监督。及时记，对巡访情况详细记录，并对记录在册的问题进行跟踪反馈。按时刷，每日巡访工作后，携带巡访记录到所在社区进行刷卡和备案登记，享受日常志愿服务双倍积分奖励。积分可用于兑换街道便民服务项目等物品，实现"小巷管家"志愿行为的规范管理和公益激励。

小巷管家们在六字工作经的规定动作基础上，积极拓展自选动作，共同参与社区治理，起到示范带动效应，营造了人人参与家园建设的浓厚氛围。小巷管家们手工绘制街巷地图，带领社区居民主动认养绿地花箱；在老旧小区停车管理和楼道粉刷等问题上，主动征集居民建议，引导居民积极参与协商议事，向街道提出合理化建议；党员"小巷管家"牵头，积极为打造党员示范楼层做准备；倡导组建"小巷管家团"，发挥居民自治组织作用，深挖社区治理内容，开展团队服务项目；单位小巷管家们在监督本单位落实门前三包、动员单位职工共同参与维护街巷环境方面也发挥了重要作用。

"小巷管家"上岗以来，随手解决事项6293件，经上报协调解决事项2417件。利用"小巷管家"微信群，上报街巷环境问题和居民需求建议，提高了发现问题、解决问题的实效性，实现了街巷四类人员的信息互通，缩短了街巷治理的环节和程序，增强了政府的回应性、公共服务的可及性和居民的获得感，真正畅通了背街小巷治理的"毛细血管"。依托社区共治委党建工作平台，统筹推进社区重点、难点事项。通过议事协商，光明社区修订完善地区环境整治提升方案，板厂南里社区顺利实现小区停车管理。

三、"一轴四网"全统筹

朝阳区三里屯街道具有国际化程度高、人流密度大、安全风险大等区域特点。为有效发挥党建统领作用，整合辖区资源，形成工作合力，破解难点问题，推动城市基层治理工作高效开展，成立了地区党建和社会治理协调委员会，进一步强化党建领导核心和统揽全局作用，构建"一轴四网"全统筹体系，推动地区社会治理水平全面提升。

在城市基层治理中，街道党工委是联结辖区内各领域党组织的轴心，充分发挥统筹协调作用，建立"一轴四网"全统筹体系。在街道—社区—片区（网格）党组织建设上下联动的领导核心轴，并分别搭建由组织体系、工作体系、服务体系和保障体系构成的党建网络，将辖区各领域党组织有效联结起来，统筹整合各类社会资源力量，形成推动城市基层治理工作的"统一战线"。定期沟通会商，150余家驻区单位结合各自优势，积极参与治理工作，在协调解决违建拆除、治安稳定、环境美化等工作中给予政策、资金和专业力量支持。组织开展单位党组织和在职党员回社区"双报到、双服务、双评议"，依托街道党政群共商共治机制，将街道—社区—片区（网格）层面三级议事平台统一纳入商圈议事会中，健全问需、问计、问效三步办事流程。

街道借助"三里屯企业关爱联盟"平台，引导120余家驻区企业认领涉及便民服务、孝老敬亲、扶贫助困和环保风尚4个类别共90余个项目，形成了街道在地区一呼百应的良好局面。在党建和社会治理协调委员会的框架下，推广"走动式"工作法，完善百姓呼声全响应制度。公开网格管理员和"街巷长"联系电话，畅通居民诉求表达渠道，实现对群众呼声的全天候响应，发挥党风政风监督员作用，对响应过程进行全程监督。

四、分级会商与首问协查

西城区什刹海街道紧临中南海，地理位置特殊，确保地区安全稳定是首要的政治任务。在综合执法实践中，各执法部门注重把握好源头治理与末端执法、综合施策与对口管控、区街统筹与属地责任"三个关系"，不断固化好的经验做法，逐渐形成了日常值守、分级会商、问题处置、首问协查、督查奖惩5项实在管用的运行机制。

分级会商机制。建立"日碰头、周点评、月通报"制度。每天值守人员到位后，以碰头会形式布置当天综合执法任务；每周召开例会，点评工作落实情况；每月由街道领导进行小结，讲评综合执法工作完成情况，查找存在问题，明确阶段性任务。每逢重要假期和重大体育赛事、重大活动保障时，由街道组织统一会商，制定《综合执法和值守应急方案》，明确职责和要求。街道层面难以解决的问题，由主管副区长组织专项会商，协调区属各相关委办局、司法机关参加，研究制订解决方案，推进末端落实。

问题处置机制。综合执法与行业管理的优势互补、互不替代。各执法部门依照行业法规，加强对口管控，把出现的问题区分为一般性问题、重大问题和突发性问题三个层级。一般性问题，由综合执法中心安排值守人员处置。遇到旅游旺季出现大客流等重大问题，以及自然灾害、反恐防恐等突发情况时，立即启动相关预案。如2017年元宵节，景区客流量瞬时达到8万人，综合执法中心立即启动大客流处置应急预案，调动公安、交通、城管和巡防保安疏导交通，景区13个出入口升起反恐防暴桩，实施机动车辆和共享单车限流措施，有效确保了景区安全有序。

首问协查机制。建立首问首办责任制，各执法部门在日常巡查中，发现或接到案情后，履行首问责任，立即进行现场核查，制作相应执法文书，收集相关证据。经初步检查后，属于本部门职能范围内的业务，按照有关规定能办的，马上承办，不延误推托；不属于本部门职能范围内的业务，填写案件移交单，注明移交原因和相关法规政策依据，将案件移送至相关职能部门，限时办结；未能按时完成的，列为分级会商时的重点督办案件。

五、社区联盟

2016年，为进一步深化区域化党建，更好地发挥党建引领、聚合效能，朝阳区安贞街道陆续组建了"健康、平安、物业、法治、文化、公益"六大联盟，注册成立了北京市安和社区公益基金会和安贞地区社会组织联合会。吸纳成员单位100家，开展各类活动百余场，推动形成了党组织、党员引领示范，多元主体参与的城市基层治理新格局。

六大联盟依据成员单位资源特点和社会治理工作需要而组建。每个联盟内设组长单位、副组长单位各1个。成立各联盟联合党支部，由各联盟的街道主管处级领导任支部书记，联盟组长、副组长担任组织委员、宣传委员；北京市安和社区公益基金会下设公益资源对接大厅，负责公益服务落地与区域资源整合对接工作；委员会办公室设在街道组织科，主要负责党建协调委员会的日常工作。

安贞街道充分利用好"六大联盟"这一工作抓手和平台，坚持"联盟聚力优化城市基层治理"的工作思路，发挥好各联盟组长、副组长单位及其联合党支部的示范带头、核心引领作用，通过两级党建协调委员会形成年度或专项工作任务，围绕地区建设发展需求和社会治理工作实际，以项目化形式，在街道层面统筹调动相关联盟单位资源（在社区层面统筹调动社区内各联盟单位的资源），融入地区社会治理，实现共享资源、共融互助、共解难题，形成多元主体参与社会治理新格局，探索形成"党建吹哨、联盟报到"的新路径。

六、社区名片

海淀中关村街道现有社区30个，既有配套设施齐全的商品房社区，也有物业管理缺位的老旧社区，存在均衡发展不足、社区资源利用重复、居民参与社区服务与管理的热情不高、社区工作人员服务创新意识不足等问题。中关村街道开展了一系列调研工作，发现社区要想获得居民的认同，就要有让人津津乐道的社区特色，解决与大家息息相关的社区问题。基于此，2016年中关村街道推出了"社区名片"概念。成立领导小组，从街道层面优化整合社区资源，统筹指导各社区在社区党组织的领导下，立足于辖区实际和居民需求，筛选社区名片建设项目，反映社区最具代表性的特色、最具亮点的工作成果以及最重要的未来规划，进而以点带面，通过品牌项目的凝聚和带动，让居民主动参与社区治理与服务工作。

2017年，按照各社区名片的主题内容，将30个社区划分为"规范·共建""志愿·服务""文艺·兴趣""为老·便民""科普·教育"五大主题协作组，根据涉及的专业领域，为每组联系了街道业务科室以及专家团队作为指导顾问，开始组织分类推进。实施分类推进，一方面可以避免出现社区各自为战的发展局面，同类型社区强强联手，形成合力，极大提高深化效率；另一方面也可以突破地域限制，连点成面，扩大名片创建的参与主体。

五个主题协作组错位发展，个性定位，精准服务，充分体现了各名片组之间的资源共享、优势互补、强强联合，充分展示了各组在志愿服务、培育社会组织、创新社区治理、营造文化氛围、创建便民社区等方面取得的优秀成绩和宝贵经验。

第六章 提升城市精细化治理的专题视角

城市治理呈现出的高度复杂性与高度关联性，仅从城市管理的权变要素分析显得不够具象化。从城市治理的领域或热点进行深入分析，在一定程度上能够提高研究的针对性，增加专题视角的研究，有针对性地指出这些区域目前的不足或问题，提出进一步提升精细化治理的效能空间。

第一节 党建统领与基层治理

在习近平新时代中国特色社会主义思想指引下，北京以"街乡吹哨、部门报到"为抓手，上海以"绣花针"般的精细化治理为目标，积极探索党建引领基层治理体制机制创新，取得了一些行之有效的成果，为其他城市基层有效治理提供鲜活的经验。在习近平总书记考察行程中，基层社会治理成为其调研的重点内容之一，先后深入上海、北京、武汉、长春等城市街道社区进行考察，每到社区考察，必定要了解社区党建工作情况。为此，准确把握党的领导与城市基层治理的关系，总结实践经验与短板，对于更好地以深化改革推进城市基层治理具有重要的意义。

一、党建统领城市基层治理的时代性

城市治理是国家治理体系的重要组成部分，城市基层治理则是城市治理的基础和重点。在新时代背景下，基层党建工作引领城市社会治理的工作任务和目标成为当今时代的根本要求。

1. 执政能力：党建统领的政治逻辑

中国特色社会主义最本质的特征是中国共产党领导，制度优势也是中国共产党领导，在革命、改革和建设事业中取得重要的执政经验，党的领导力也得到极大锻炼，特别是在这次抗击疫情中彰显出中国共产党的领导力。习近平总书记指出，推进国家治理体系和治理能力现代化，关键是坚持党对一切工作的领导，确保党始终总揽全局、协调各方，要把加强基层党的建设、巩固党的执政基础作为贯穿社会治理和基层建设的一条红线。加强和改进城市街道社区的基层党建，目标指向都是实现党领导下的社会治理体系和治理能力现代化。

2. 人民福祉：党建统领的价值逻辑

十九大报告提出"社会主要矛盾已经转化为人民日益增长的美好生活需要和不平衡不充分的发展之间的矛盾"，同时强调要"加强党的基层组织建设，发挥基层党组织在领导基层治理、服务人民中的堡垒作用"，充分反映出党建在社会治理中根据社会发展变化不断作出新的调整。街道社区是党委和政府联系群众、服务群众的神经末梢，其最重要的任务之一就是为人民服务、增进人民福祉，这是发挥基层"战斗堡垒"作用的社区党组织的职责所在，以期实现党建在社会基层治理中的引领作用。

3. 治理理念：党建统领的实践逻辑

习近平深入社区考察，聚焦的都是社会治理，目的就是推动社会治理重心向基层下移，强化社区建设。推进基层治理创新的核心任务是从"管理"到"治理"上的社区建设，社会治理已不再是简单社会秩序的管理，而是把党的领导植根于基层，街道社区党组织引领各类组织全面参与，实现政府、市场、社会职能归位，更加强调精治、共治、法治，特别是增强法治要义、科技内涵，加强上下联动、左右互动，打造新时期的区域化党建；组织群众依法管理基层社会事务，实现党领导社会治理、依靠群众加强社会治理，更加强调人民主体，坚持人民城市人民建、人民城市为人民，在党的领导下广泛发动群众参与，让人民群众做城市的主人翁。

二、党建统领城市基层治理效能现状

党建统领推进城市基层治理就是以街道社区党组织为核心的基层党组织在加强城市基层治理中如何发挥引领作用的问题。目前，以党的建设贯穿和引领城市的基层治理，在以下四个引领中还存在着亟须提高认识和加强改善的地方。

1. 政治引领

基层党组织是政治组织，政治功能是第一位的。目前，有些地方的基层党组织误认为城市治理是街道社区的事，与自身关系不大，参与治理的意识不强，引领基层治理的积极性和主动性不高，其根本在于基层党组织对自身领导核心和政治核心地位缺乏正确认识，党的领导意识弱化，职责定位不够清晰。习近平总书记指出，要把加强基层党的建设、巩固党的执政基础作为贯穿社会治理和基层建设的一条红线。基层党组织必须突出其政治功能，把党的全面领导落实到基层，切实发挥街道社区党组织在本辖区政治引领作用，始终坚持以人民为中心的发展思想，提高服务人民的本领，满足人民日益增长的追求城市美好生活的需求。

2. 组织引领

在基层治理中，城市各类主体呈现多元性、复杂性、流动性等特点，多元化社会组织成为城市治理的重要主体，党组织是凝聚社区各类组织和个人的核心。随着城市化进程的加快，部分基层党组织引领社会组织参与城市治理的思路、手段和方法不多，组织引领能力和水平有限。大量的社会组织无上级主管，大量的"单位人"转为"社会人"，大量外来流动人口导入，使得传统的以单位为主体的党建工作模式面临许多新情况、新问题。基层党组织不去引领或引领不好，党建工作存在"空白点"，就会造成潜在危险。基层党组织在城市治理中要善于把党组织的意图变成各类组织参与治理的自觉行动，引领各类组织坚定不移地维护以习近平同志为核心的党中央权威和集中统一领导，使基层治理沿着正确方向健康发展，为城市基层治理凝聚合力发挥作用。

3. 能力引领

基层治理能力关系到一个城市的治理能力，进而影响到一个国家的治理能力。基层党组织在领导城市基层治理过程中，仍然存在能力引领作用发挥不平衡不充分的问题。不平衡体现在城乡接合部和城市老旧小区的治理问题比较突出。在城乡接合部，由于流动人口、违法建设和社会治安问题比较集中，对基层党组织的设置、运行和功能发挥带来较大挑战。在城市老旧小区，涉及民生的养老难、停车难和流动人口管理难等方面的治理，小区基层党组织管理缺位导致整治成果和治理实效难以巩固。不充分体现在基层党组织在城市基层治理中服务群众的功能发挥得还不全面，在处理复杂问题中抓住主要矛盾、在调处各种纠纷中学会依法办事的专业规范能力还有待提升。这些制约着城市基层治理的整体水平影响着人民群众对于美好生活向往的获得感、幸福感和安全感。

4. 机制引领

机制引领就是基层党建组织体系与基层治理体系有机结合、良性互动，引领城市基层治理的体制机制创新和制度化。城市基层治理复杂多样，涉及规划、综治、城管、民政、工商、环保、卫生等诸多部门，治理违法案件也涉及多个执法部门，街道作为辖区城市治理的统筹协调者，由于存在条块分割、权责不对等弊端，很难做到及时响应、迅速处理。城市治理应聚焦到党组织的领导下，充分发挥组织领导力，将党的建设贯穿于基层治理的各部门、全人员和全过程，建立起与相关部门和人员共商、共建、共治、共享的治理体系。在基层党组织的引领下创新体制机制，实现街道吹哨、职能部门报到，提高城市治理的统筹协调能力。

三、进一步完善党建统领城市基层治理的路径

总结现实问题和实践经验，新时代推进城市治理体系和治理能力现代化，核心关键是坚持党建统领，要以习近平新时代中国特色社会主义思想为指引，更好地发挥基层党组织在城市基层治理中的领导核心作用。进一步完善城市基层治理根本路径是全面深化改革，坚持问题导向，切实破除"难作为""不

作为"的体制机制，不断增强基层党组织的城市治理能力。

1. 强化街道党组织政治引领

街道作为属地管理主体，处于行政的末端和最基层，是创新城市治理、加强基层建设的关键所在。街道作为政府与基层的重要连接点，是离人民群众最近、最能代表政府履行职责的机关，深化街道改革的首要任务是探索党建统领城市基层治理的有效路径。在城市基层治理体系中，必须将党的领导放在首要位置，真正将党的工作更好地嵌入城市基层治理体系中，促使基层党组织更好地发挥核心地位，团结凝聚城市基层治理主体力量，共同推进城市基层治理工作。内在方面，要加强基层党组织的自身建设，落实街道基层党建责任"清单制"，使抓党建有时间表、路线图，推动街道党建工作与企业、机关、学校、科研院所、社会组织等领域党建工作的深度融合。外在方面，要增强基层党组织的领导力建设，把街道社区等基层党组织建设成为宣传党的主张、贯彻党的决定、领导基层治理、团结动员群众、推动改革发展的坚强战斗堡垒，营造城市基层治理的良好政治生态，真正打通基层治理的"最后一千米"。

2. 优化基层街道党政机构设置

根据街道职能定位和主要职责，着眼于面向人民群众、提升城市精细化管理水平，进一步深化街道职能转变，把街道工作重心切实转移到加强基层党组织建设和提供公共服务、公共管理、公共安全和公共环境上来。目前现有街道机构设置还不能更好地发挥党组织在基层治理上的核心作用，还不能及时顺应服务群众和参与社会治理的需求。针对上述问题，街道机构设置按照精简、效能、便民的原则，强化街道办事处的党建统领和城市治理职能。第一，融合化。党工委和街道办事处内设机构分设，党建工作与业务工作相脱节，在一定程度上影响了党建统领作用的发挥，应将党建职责与业务职责、相关联的业务职责之间有机融合，使党工委科室了解业务工作，行政科室熟悉党务工作。第二，扁平化。推动街道层面的"大部门制"改革，统筹整合有一定交叉的同级部门，减少管理层级和行政成本，以最短的管理链增强城市快速反应能力。第三，平台化。街道机构设置从原来的单一化工作平台向整体化职能整合转变，从向市民提供单一服务向综合性办事转变，围绕"集成化、智慧化、标准化"建设，设置综合性工作和办事平台，优化完善运行机制，按平台、窗口等工作职能和服务功能进行机构设置和流程再造，不断提升基层治理水平并为市民提供更加精准的服务。

3. 提高城市基层社会治理水平

城市基层社会治理的目标指向就是实现党领导下的社会治理体系和治理能力现代化。当前着重要从精治、共治、法治三个方面下功夫：首先，重点推进基层党建与城市网格治理的有机融合，切实提高基层治理精细化水平。通过基层党建工作信息化来统筹线上线下两种手段，探索网络"e支部"、微型党课、党建微信群、手机APP等方式，形成"居民点单—支部下单—党员接单"模式，实现党员服务和群众需求的精准对接。同时，加大党员干部担任街巷长、网格长的做法推广力度，打造以党员为主体的小巷管家队伍，不断扩大基层党建工作融入城市治理的覆盖面和影响力。其次，将基层党组织的社会组织力提升和社会治理重心向基层下移相结合，切实提升基层治理的共治水平。通过召开街道地区党员代表会议，建立条块结合的党建协调机制，谋划决策和统筹协调街道地区治理的重大事项，从政策、资源、经费等方面，加大对基层党组织的倾斜和保障力度。同时，给街道下沉行政管理权限，赋予街道更大的职权。如涉及辖区重大规划的建议权和综合管理权、政府职能部门派出机构工作的协调监督权以及相关人员的人事考核和建议权等。最后，推进城市执法重心下移的属地化管理，让综合执法硬起来。针对不同问题研究具体执法流程，明确治理主体和职责部门责任分工，进一步厘清执法程序、规范执法行为，在推动落实执法力量下沉的同时，同步推动编制、技术、装备等相关资源划转，切实保障实体化平台执法能力，使街道切实承担起属地城市治理的统筹职能。

4. 拓宽党建引领下的治理多元化

随着改革的不断深入，创新和加强城市基层治理，仅仅依靠转变政府职能是远远不够的,必须充分调动社会各方力量,以街道社区为核心,有机联结单位、行业及各领域党组织,努力建设党委领导、政府负责、社会协同、公众参与的城市基层治理多元化格局。一是积极探索"党政群共商共治"党建模式,统筹政府各部门和各类社会组织有利资源,推动共建共治共享。采取党建联席会议制度,"轮值主席""圆桌议政""居民问政"等协商民主的方式,有效调动和组织多方力量共同参与城市基层治理,形成党组织领导下的社会动员机制,重点解决居民在生活环境、社会安全、公共服务等方面存在的民生问题。二是在党建引领街道管理体制机制上,要善于将各方力量融入巷长制和小巷管家等组织体系,构建形成多方参与、精准对接和协商共治的社区建设格局。三是引导党员参与社区建设。发挥社区党员议事会、监督会、党建协调分会、席位制委员会的作用,引导和鼓励在职党员和离退休党员积极参加邻里守望、治安巡逻、互帮互助、义务劳动、绿色环保等各类志愿服务活动。四是引领开展和探索创新居民自治的有效方式,畅通群众参与社区治理渠道,培育"西城大妈""朝阳群众"等公民群体,发挥他们在公共安全治理中的作用。

5. 完善城市基层党建工作机制

随着城市化进程加快,城市社会群体结构和社会组织架构发生重大变化,非公经济组织和社会组织中党的组织和工作覆盖还不够,属地管理缺乏有效渠道和手段,基层党建创新存在碎片化现象,基层党组织依托行政权力,封闭式的传统党建模式难以适应城市发展转型和城市治理精细化的要求,难以引领企业和社会组织积极参与城市治理。针对大量的非公经济组织和社会组织集聚在城市的商务楼宇和产业园区等区域,构建功能型的区域化党建模式成为解决新形势下党建组织覆盖难、作用发挥难的问题。从工作机制上完善传统基层党建工作以纵向控制为特征的"单位建党"模式,形成以街道为轴心,将商务楼宇和产业园区内散布在不同单位的零星党员统一组织起来,形成功能型的区域化党建,进而形成以区域性党组织为纽带,街道社区党组织与企业、机关、学校等单位党组织融入共建,主动适应城市社会群体结构和社会组织架构的变化,有效弥补城市基层治理所需公共资源的相对不足。功能型区域的区域化党建模式可以通过建立区域联合党委制，也可以通过建立区域党建工作联席会的方式，力求区域党建工作优势互补、区域资源共建共享，巩固党在城市的执政基础。

第二节 整体治理与统筹管理

一、整体治理的现状与经验

1. 构建高位协调机制

为全面落实《中共中央国务院关于深入推进城市执法体制改革改进城市治理工作的指导意见》（中发〔2015〕37号，以下简称《指导意见》）等精神，2016年，市委全会审议通过的《中共北京市委北京市人民政府关于全面深化改革提升城市规划建设管理水平的意见》为推进城市治理体制改革划定了路径、奠定了基础。此次城市治理体制改革借鉴2008年北京奥运会环境建设管理经验，针对城市治理中一些需要跨部门、跨行业协调解决的难点问题，将议事协调机构"首都城市环境建设委员会"调整更名为"首都城市环境建设管理委员会"。调整后的首都城市环境建设管理委员会内涵和外延都有较大变化，充实了领导力量，健全了工作机制，强化了对城市治理工作的高位统筹。扩大统筹范围，由过去综合协调城市环境建设扩大为包括环境建设在内的城市治理范畴，在原成员单位的基础上，将与城市治理密切相关的中央单位和市属部门，特别是供热、供水、排水、燃气、环卫、绿化、道路等市属企业单位纳入成员单位。由过去一般性议事协调机构转变为集重大决策、统筹协调、监督考核于一体的工作平台，强化对城市治理相关市属部门、各区政府、各市属企事业单位的统筹协调和考核评价，这些机制将有利于城管委今后能够最大限度地协调解决城市治理中遇到的重大问题和各相关部门的职责衔接问题，为确保城市治理更加顺畅高效奠定了基础。

2. 统筹协同取得极大提升

服务保障好各项重大活动是中央交给我市的重大政治任务。近年来，借助奥运会、园博会、APEC 会议、世界反法西斯战争胜利70周年、"一带一路"高峰论坛、建党百年等重大会议活动，城管委统筹各单位各负其责，齐抓共管，形成了全市服务保障一盘棋的良好格局，为提升服务保障工作执行力奠定了坚实的组织保障，取得了重大成果和良好成效。如"2022年北京冬奥会城市运行和环境建设管理指挥部"制订了冬奥会期间的城市环境建设和运行总体方案、专项方案，落实落细各项任务，确保冬奥会的顺利举办。以上重大活动确保城管委以特别机制、特别标准、特别速度"三种状态"，在集中各部门、各区的力量和资源，快速高效解决重点难点问题等方面，积累了统筹协同的作战经验，如例会制度和双周协调推进会制度、"月检查、月通报"制度等。城管委在重大活动保障活动中锻炼形成的统筹能力，使今后将这些成功经验转化为工作中的长效机制成为可能，从而大幅度提升城市治理水平和运行管理水平，确保城市安全运行。

3. 专项行动带动工作体系

"百里长街"景观提升、背街小巷整治提升、架空线和广告牌匾治理、城市照明和城市家具管理、重点区域市容环境整治等城市环境建设专项行动中，城管委不断完善体系内部"大城管"工作机制，市、区、街镇三级体系联动不断，区相关部门一方面主动与本行业市级部门对接，建立完善沟通协调机制，另一方面主动服务街镇，针对性做好培训和指导工作。首环办牵头进行城市环境建设管理的统筹指导和考核评价，全市一盘棋共同推动城市环境建设管理工作落到实处，明确责任分工，细化工作措施，压实工作责任。特别是垃圾分类专项行动中，市委市政府构建了市级统筹、专班推进、定期调度、监督检查、考核评价的工作体系，组建了市区两级指挥部，充分发挥党建引领作用，建立"一把手"负责制，动员市区街道乡镇及各方面力量，形成推进合力。由此可见，我市在实施各类专项行动中，取得了积极进展和明显成效，形成了较好的统筹工作体系，比如"一把手"工程，主要领导要亲力亲为，主管领导、责任处室和具体责任人各司其职，各负其责，层层抓落实等，这些将有力地保证城管委在统领城市工作中取得更大的成绩。

4. 完善法律法规建设，统筹根基得以有力夯实

在推进城市治理进程中，按照城市治理于法有据、有法可依的要求，不断推进和完善城市治理领域法规建设。近些年制定出台了《北京市市容环境卫生条例》，对城市治理涉及的城市容貌、环境卫生、环境卫生设施建设和管理等方面做出了明确的规定，成为当前城市治理执法的重要法律依据。随着生活垃圾管理水平不断提升，制定出台了《北京市生活垃圾管理条例》成为全国首部省级地方性生活垃圾管理专项法规。针对当前天然气用量不断加大，完成《北京市燃气管理条例》的修订工作，为清洁能源稳定供应提供法制保障。我市制定的《北京市街道办事处条例》《北京市物业管理条例》不仅为更好地做好城市基层工作提供了法治遵循，同时也为首都城市精细化管理提供了有力抓手。最近出台的《北京市接诉即办工作条例》，将改革实践的成功经验加以总结固化，提高接诉即办为民服务工作的规范化、科学化、法治化水平，也为我市继续深化统筹协调城市治理改革提供了契机，从而在统领工作中，积极运用法治思维和法治方式解决城市治理难题，为更好地推进首都城市治理体系和治理能力现代化夯实了法治根基。

5. 出台数项标准规范，统筹监督确保科学有效

构建为城市综合管理提供支持的标准化体系，是开展城市综合管理工作的关键，也是构建城市综合管理体制的必要环节。近几年，城管委先后编制和修订了《城市综合管廊智慧运营管理系统技术规范》《生活垃圾和粪便处理设施运行管理规范》《燃气供应企业安全生产标准化评价规范》《生活垃圾填埋场运行评价》《农村家庭用户天然气管道工程技术规范》等几十项地方标准。这些标准规范能够确保城管委科学有效地统筹监督，一方面通过协调机制，细化标准、量化目标、明确责任，实现城市治理按标准化的原则、方法全覆盖实施，让城市治理的每一个问题都有标准要求、责任规定和考核办法，达到提高城市治理水平。另一方面，通过建立规范的运作机制、作业制度、管理制度，履行城市治理职能的评价指标和奖惩标准进行监督与评价，成为提

高城市综合管理体制可行性和有效性的合理路径。同时，有利于政府节约投资建设成本，以及保障工程建设质量。如城管委编制实施的《综合管廊功能建设标准清单》，管廊工程造价从2.03亿元/千米降到1.70亿元/千米，实现了加强管廊项目的投资建设成本管控。

二、制约进一步实现整体治理的统筹问题

1."重建设轻管理"，统筹工作不足，根源在于缺乏统领理念

对于北京而言，城市空间规模的建设扩张不再是城市发展的主导形式，但"重建设轻管理"的思想在市级部门、区级政府还很普遍，以城市治理统领城市发展的理念还没有建立起来，理念的偏差和缺失导致城市规划、建设、管理的脱节，表现在：一是城市建设与城市治理的发展投入不均衡，存在着规划建设的"管理后遗症"。如农贸市场、停车场、社区卫生医疗等城市基础设施的配套规划建设跟不上，功能性设计没有达到便民、利民的需求，不可避免地造成马路摊点、乱停乱放等现象，给城市后续管理带来难题。二是规建管缺乏有效的衔接，缺乏针对前端环节的参与机制，末端的管理问题向前端反馈不畅。比如，在新建房屋建筑工程中，小区内锅炉房等供热设施联合验收一直没有专业运行维护单位参与，导致专业运行维护单位无法在规划建设阶段反馈问题。虽然按照《北京市物业管理条例》第八十七条规定，新开发建设项目由专业运营单位承担维修、养护和更新改造责任的，赋予专业运维单位后期管理责任。但在现行验收机制下，专业运行维护单位真正履行运维职责还存在一定困难。三是管理需求难响应，突出体现在还没有建立起末端环节的城市治理统领前端环节的规划建设的理念。一些在规划与建设环节出现的问题，如建设质量不高、开发甩项、规划漏项及不合理、缺乏环境容量评估等，往往都传递到管理环节，成为制约管理效能发挥的"先天性"病因，管理部门再努力也只能治标不治本。如部分新建小区缺少垃圾楼、公共厕所等配套环境卫生公共服务设施，主要原因是在规划阶段，开发商规避相关标准规范，拆分项目单个审批；在建设阶段甩项，不建或少建配套环卫设施。由于"建设工程配套环境卫生设施竣工验收"行政许可未被纳入规划、

建设审批前置条件，难以形成对规划建设项目的有效制约，出现了"规划漏项、建设甩项"现象。

2."重任务轻引领"，统筹力度不够，根源在于统领手段不多

政出多门的专项行动任务培养了城管委集合部门和各级政府组织力量、协同作战的能力，但这种临时赋予城管委的统筹职责和引领作用在日常城市治理工作则显得力不从心，日常管理的统筹职责缺乏"硬手段"。一是缺乏全周期监管手段，给城市安全运行带来了很大隐患。如在地下管线综合管理方面。目前城管委对于地下管线只有安全监管责任，缺乏安全监管手段。地下管线消隐工程掘路审批分散在不同部门——涉及开挖城市道路的，需要到公安交管部门审批；涉及开挖乡村道路的，需要到路政部门审批；涉及开挖道路两侧绿地的，需要到园林绿化部门审批。管线路由规划部门审批，施工则由建设部门审批，众多部门各自为政，难以统领地下管线的安全监管存在的问题。二是北京市城市治理委虽然名义上是市政设施管理统筹的牵头部门，但在行政许可等方面职能较少，尤其是没有占掘路许可、临时占用城市绿地及树木移伐许可等"硬手段"，对其他部门缺乏统筹协调的有力措施，造成推动工作主要依靠各部门的自觉性的尴尬局面。尤其面临紧急任务时，执行力偏弱的特点更为突出。三是项目资金统筹管理导致市政设施同步建设较难实现。例如，地上、地下市政设施分属不同部门运维管理，资金预算申报也由各部门具体负责，同步建设、同步改造的目标很难实质落实。尤其在新建（或大修）道路和管线改造同步实施中问题较为突出。道路建设（或大修）单位手续办理相对容易，而管线单位手续办理较为困难，牵头部门缺乏同步办理各类手续的硬抓手，导致管线改造跟不上道路建设（或大修）。按照国务院《城市道路管理条例》规定，新建、扩建、改建的城市道路交付使用后5年内、大修的城市道路竣工后3年内不得挖掘。新建（或大修）道路完工后，未随路建设的管线改造，又得等待3年或者5年时间，可能会出现部分管线未及时消隐而导致事故发生的情况。

3."重部门轻全局",统筹行为不多,根源在于统领能力有待提高

北京城市运行涉及的部门多、环节多,有城管委、规自委、住建委、园林绿化局、公安局、生态环境局、水务局、民政等部门,有行政许可、监管、处罚等环节,还涉及市政府、区政府、街道(镇)、社区(村)等各级组织多个层次,城市治理事项碎片化与城市治理领域的集中性之间存在着矛盾,加大了城市治理主管部门统筹协作的难度,不适应城市运行的整体性要求。一是现有的管理职责使得城管委不能统领。有的管理职责分散于多个部门,本该由一个部门管的事情由多个部门分管;有的管理职责交叉重叠,同一件事情由多个部门分头管理,强调部门利益,导致脱节、缺位、越位问题,城市治理各专业部门之间协调行为不力、沟通不畅,见木不见林,各自为战,制约了城市治理水平的提高。二是现有的运行体制使得城管委不敢统领。如城市治理体制改革将能源日常运行管理职能划转至城管委,却没有将相应的机构一并划转,市能源与经济运行调节工作领导小组办公室仍设在发改委,能源运行体制仍然存在不顺畅。本市98%的能源需要外埠输送,能源供应易受极端天气、交通运输、铁路管网的影响,自主调控余地小。城管委肩负着首都保障能源运行安全万无一失的重要职责,需要协调国家部门、各能源主供地、市属部门和单位的密切配合和分工协作。目前全市能源运行领导小组办公室和能源日常运行主管部门分设,不利于顺畅、高效开展相关工作,影响首都能源日常运行安全,迫切需要一个运行管理协调平台。三是现有的人才队伍使得城管委难以统领。城市治理领域专业型、复合型人才较少,懂专业会管理的人才严重不足。缺乏专业培训,城市治理人才队伍建设可持续性不足。现代科技知识和能力不能适应跨层级、跨区域、跨领域的统筹协同行为,逻辑上缺乏整体性,方案上存在局限性。如城市安全和风险管理专业人才缺乏,非专业人员不足以支撑研判城市风险趋势和制订方案等复杂工作,形成的思路举措有所欠缺。

4."重短期轻长远",统筹视野不宽,根源在于统领不够规范

城市治理涉及的领域广泛、事项繁杂,城市治理过度依赖上级指示要求,往往将工作重点放在突击整治上,在短期内能够收到明显成效,但整治活动

一结束，各种城市顽症立刻报复性"反弹"，日常的管理状态始终在整治—回潮—再整治—再回潮中循环往复，管理水平无法实现常态化，长期以来一些"痼疾顽症"并没有得到彻底解决。特别是本次疫情对城市运行风险的挑战和检验，其中一个重要因素就是缺乏统领标准、技术和法律方面的顶层规范。一是没有构建起完善配套的标准体系。虽然在背街小巷整治、公厕管理、垃圾分类等方面出台了相关标准，但覆盖范围小、标准不够细、要求不够高，在城市治理的整体性、一致性要求上还缺乏系统规范。目前还没有形成一整套可以规范城市精细化管理全过程的可量化、可衡量的标准体系，导致统筹治理在实操层面缺乏系统的约束规范和依据，管理质量也难以得到实质性提高。二是智慧化城市治理尚缺乏统一的规划和指导。近年来，城市治理重视先进科技手段的应用，城市大脑、网格化信息平台建设越来越得到重视，但只是处在"部门为战、建设发展"的阶段，智慧化建设缺乏规范标准，相关责任难以落实，执行中缺乏横向协同和纵向合力。各行业部门的网格划分不统一，实际应用中数据、资源无法整合，难以提供跨部门且有效的联合决策支持。涉及多部门联动处置的业务存在"数据盲区、数据打架"问题，跨部门业务应用场景支撑力不足。在跨部门数据共享、视频资源整合、大数据分析研判等方面缺乏综合统筹，导致使用范围有限，城市治理领域的数字化、智能化水平难以满足精细化要求，与城市运行"一网统管"的总体要求还有较大差距。三是城市治理综合性性法规缺失。立法本身的相对滞后性与改革实践的创新性、广泛性之间的矛盾日益凸显，相关法律法规的制定、修订工作跟不上城市的快速发展，直到目前北京还没有一部综合性城市治理法规，在日常管理、执法工作中，主要依据《北京市市容环境卫生条例》等专业法规规章，属于"借法执法"，导致很多问题的解决缺乏上位法的有效支撑，城市的优美环境、安全运行难以得到全面、妥善、完整的保障。

三、进一步完善城市整体治理的统筹建议

1. 强化党建引领城市治理，增强统领的力度

加强党对城市综合管理的领导。将党建引领应用到赋权强能全过程，提

高统筹的权威和力量。一是发挥市委城市工委高位统筹作用。健全符合首都超大城市特点的治理体系，系统谋划城市工作的总体目标和重点任务，强化城市治理系统的政治建设、组织建设、思想建设、作风建设、制度建设和干部队伍建设，提升城市工作的整体性和协调性。二是深化"街道吹哨、部门报到"的党建引领作用。在城市治理领域，进一步理顺条块矛盾和完善制度设计，对群众投诉反映的城市治理问题建立台账、跟踪督办、及时解决，提升和凸显接诉即办制度的功能定位，通过及时回应办理诉求，提升服务群众能力。三是全面强化基层党组织领导基层城市治理的战斗堡垒作用。在具体实践中将基层党组织的政治优势、组织优势转化为城市精细化管理工作优势，把"自治品牌"（东城守望岗、西城大妈、朝阳群众、海淀网民、丰台劝导队、石景山老街坊、顺义老干部等）创建作为激发基层党组织的内生动力、推动工作落实的重要手段。四是积极营造干部统领做事的工作氛围。树立良好选人用人导向，突出政治标准，提拔重用牢固树立"四个意识"和"四个自信"、全面贯彻执行党的理论和路线方针政策、忠诚干净有担当的高素质干部。选树宣传身边先进典型，推动建立崇尚实干、敢于担当的正向激励体系。

2. 明晰各级管理职责清单，增强统领的精度

严格落实中央文件精神，城管委应主动担当，按照权责统一原则继续明晰城市治理相关部门职责，实现城市治理与综合执法综合设置，真正实现管理与执法的无缝衔接，彻底消除"最后一千米"盲区。一是框定城市治理职责。建立相关行业管理部门和公共服务企业的网格化协同机制，制订各相关部门权力和责任清单，明确统筹边界与范围。按照"统一管理、统一标准、统一流程、统一平台、统一数据"原则，集约化建设全市网格化城市治理云平台，为市区街三级网格化城市治理提供支撑。纵向上，明确市区街三级城市治理的职能与责任，厘清职责，形成城市治理的全链条清单管理模式；横向上，要建立健全城市治理领域的职责清单，划分和明晰各城市治理相关部门的职责分工，切实形成城市治理的整体合力，提高城市治理的工作效率。二是厘清执法的职责边界。着眼问题导向，依法实施授权，全面厘清各执法层级和执法主体之间的职责边界，制订公布执法事项清单。支持街道加强统

筹协调职责，推进行政执法权限和力量向基层延伸和下沉，整合现有站所、分局执法力量和资源，逐步实现一支队伍管执法。三是整合审批职责。健全以城市道路为核心、地上与地下统筹协调的管理机制，确保地下管线与城市道路同步规划、同步建设和同步改造，减少道路开挖。整合行政审批事权，将道路、绿地、公园等区域的挖掘行政审批事项，从现在的多个部门整合到城市治理主管部门，缩短审批流程，减少部门掣肘，实现地下管线安全隐患高效处置。

3.进一步深化大部制改革，增强统领的宽度

作为城市治理主管部门，城管委应树立城市治理权威地位，进一步深化城市治理"大城管"体制改革，形成共谋、共建、共治、共享的管理格局。一是建立席位制的统筹机制。发挥首都环境建设管理委员会办公室平台优势，进一步完善办公室席位制副主任、成员单位联席会议、与市委市政府督查室联合督办等工作机制，切实加强对重大活动服务保障和我市城市治理的全面统筹协调。二是推动规建管一体化进程。将城市景观和城市治理相关要求纳入道路建设、公共设施建设和公共服务设施设置过程中，研究建立大型建设项目的环境容量可行性和景观影响审批验收制度。或者赋予城市治理部门参与规划建设实质性职责权限，积极推动城市治理部门参与规划建设事项，改革现有建设工程竣工验收程序，将专业运维单位的意见作为验收程序的重要组成部分，逐步建立环境问题源头控制、建设过程有效监督、建后管理得当的一体化流程。三是扩大城市主管部门职责。《指导意见》明确城市治理的主要职责是市政管理、环境管理、交通管理、应急管理和城市规划实施管理等。从对中央文件的理解看，城市治理体系主要包括规划、建设、管理、交通、水务、园林、执法、环保、农村、综治等方面的主管部门。本着权责一致、统筹管理和建管协同的原则，立足北京市实际，探索研究将交通部门的城市道路、桥梁运维管理和园林绿化部门的绿地运维管理职能划归城市治理主管部门，实现基于城市道路之上的市政公共服务设施统一管理、综合协调。为了更好地理顺协调关系，强化首都的能源统筹，成立"能源运行调节工作领导小组"，下设办公室作为常设办事机构，统筹全市能源运行工作，办公室

设在城市治理主管部门，协调解决有关能源建设和发展的重大问题，研究提出能源运行调控措施。

4. 突出市政资金统筹监管，增强统领的厚度

以市政资金统筹监管为抓手，纵深管控相关部门的城市资金的运用，切实履行好城市治理财政预算资金和市政设施建设的统筹管理职责。一是牵头着手城市建设和管养的资金联动。城管委应与相应的部门一起对城市治理和管养支出进行精细化梳理，强化市政设施运维统筹职能。科学理顺城市治理和管养支出结构，合理分配基本支出和项目支出，财政资金在确保必要的城市建设的同时，应适当向城市治理和管养倾斜，加大对城市治理和管养投入的保障力度。同时，建设部门应该在工程项目建成后制定维护作业标准，避免部门专项预算重叠，避免管养资金的浪费，进而使城市治理更加高效。二是积极推动市政设施财政运维资金申报与分配的一体化运作。第一步备案管理，完善"管路互随"、同步实施工作机制，统筹各类管线年度改造计划，加大与道路、交通等部门的协调力度，相关市政设施财政建设资金的预算资金在城管委备案，城管委全面掌握城市治理与建设运维的进度计划，需要时出具意见，有效解决"马路拉链"问题；第二步借鉴发展改革部门在政府固定资产投资体制中的资金分配模式，由财政部门从交通、园林绿化和水务等部门的预算中切割出市政设施运维资金，交给城市治理部门统筹管理。第三步将市政设施财政运维资金申报与分配职能划归城市治理部门，按照中央"权随事走"的要求，当城市道路、绿地运维管理职能顺利划归后，市政设施财政运维资金的申报与分配职能实行归口管理，共享城市治理和管养资源。

5. 完善城管法规制度建设，增强统领的高度

法规体系是推进城市治理现代化的总纲，是统领城市治理顶层谋划的制度保障。一是立足城市治理实际，从依法治理的高度加快完善城市治理法规体系。一方面要尽快弥补综合法规缺项，借鉴南京、长沙等城市的做法，编制出台《北京市城市综合管理条例》，从总体上对城市治理工作作出全面、系统、明确的规范；另一方面要对城市治理各相关专业领域的法规规章进行及时清理，并做好立改废的工作，补齐缺失的，调整错位的，废除过时的，力争做到法规体系完备配套，为城市治理提供法制保障。二是健全标准体系，着力推进标准化建设。要加强顶层设计，按照"全面、适时、精准"的原则，建立城市精细化管理标准体系。对于已有国家上位标准的，要抓紧研究制定或修改完善地方标准；没有国家标准的，要及时制定行业标准、地方标准，实现国家标准、地方标准、行业标准协同配套，符合精细化管理需要。三是全面提升执法水平，推动执法队伍规范化。建立从执法主体资格、执法流程、执法行为到执法场所全方位、全流程的规范化建设标准。深入推进"互联网+"监管执法，实现各方面监管平台数据的联通汇聚。探索以远程监管、移动监管、预警防控为特征的非现场监管，按照城市精细化管理和数字化转型要求，探索"一网统管"为依托的非现场执法，适时推出城市治理领域非现场执法的具体程序、流程和相关工作要求。加强标准规范在编执法人员的业务培训，统筹高校、学会等培训力量建设全市城管执法训练基地，常态化、分批次开展覆盖基层执法办案人员的理论培训和实训活动。

6. 推进全覆盖的多元共治，增强统领的广度

多元共治是整合城市社会治理资源、统筹基层治理的必由之路，加强联防联控和群防群治是推进城市治理的多元主体联动的重要手段。一是要充分发挥市民的主体作用，做好社会动员，着眼于问题诊断和协商共治，通过深入开展公众满意度调查、加强小巷管家等志愿者队伍建设、开展管城理市志愿服务工作等，广泛征集民意需求，下先手棋，打主动仗，解决好服务群众最后一千米的问题，增强群众生活的幸福感和满意度。二是精确区分不同受众，细致分析不同特点，改变传统的说教方式，创新形式和内容，结合地区特点和区域特色，运用群众喜闻乐见、灵活多样的活动，说到群众心坎上，打在群众动情处，真正使广大群众从内心深处重视、关心、支持和参与城市治理工作，引导他们当好"三员"。当好"运动员"，以城市主人翁的姿态，积极投入城市基础设施建设管理和供给服务保障。当好"裁判员"，为破解"城市病"难题积极建言献策，参与身边环境问题解决过程，及时反馈城市治理末端问题。当好"宣传员"，以自身的实际行动宣传和带动身边群众，特别

是外来人口和流动人员自觉遵守城市治理规定，做素质文明、守法守纪的首都市民。

第三节 精细化治理与组织体系

一、精细化治理的组织体系

1. 一体化的整体治理

针对政府部门之间虽然目标一致，但在实现目标的手段上缺乏共识，从而呈现出"碎片化政府"的状态，整体政府理论提出了倡导政府管理在横向、纵向等多方主体的协作，优化现有的组织架构，将分散在不同部门内部具有相同功能的组织整合起来。整体政府要求目标和手段相互增强，整体政府理论成为建立北京城市精细化管理体制机制的一个崭新视角。

一般而言，城市管理体制改革主要有两种途径，一是在现有部门管理权限和资源配置不变的前提下进行职能调整，初步形成综合协调机制；二是重新梳理现有部门管理权限和资源配置，实现组织职能的重构，建立完全的整体性的治理体制。近年来，一些城市的城市管理体制改革，基本上还没有实现完全意义上的一体化整体治理模式。整体性的治理模式需要站到综合管理的角度统筹考虑。第一，增强市城市管理委在首都城市管理决策中的话语权，建立区、街道、部门上下贯通的监督指挥体系。第二，完善城市综合管理在政策制定、标准管理、监督机制、绩效管理等方面的功能。第三，网格化管理是城市综合管理的重要抓手，搭建城市综合管理平台、决策支持平台和监督考核平台实现网格化管理的信息化应用。第四，落实街道属地管理的权限责任要求，街道建立了常态化执法机制，以专业管理和作业管理适当分离推动街道和专业部门的协同机制。

2. 扁平化的组织机制

扁平化组织结构通过减少行政管理层次，压缩职能部门和机构、裁减冗余人员，从而建立一种决策层与执行层之间紧凑的组织结构，具有快速、灵活、高效的特点，它强调管理层次的简化、管理幅度的增加与分权，对城市精细化管理的效率提升将起到倍增性作用。特别是随着信息技术的不断创新，为进一步减少组织的中间管理层级、扩大管理幅度提供了技术的可能性，信息化为政府打破原有部门界限，增强政府对社会变化的感应能力和快速反应能力，使城市政府治理结构的扁平化得以推广。

同样，一个城市的城市精细化管理的组织体系建立首先着眼于避免20世纪市政管理委员会的科层体制层级过多的弊端，形成政务公开、程序一体的扁平化的执行机构，充分利用智慧城管等技术手段，顶层领导和政府文件与执行层通过信息平台直接对接，把内部所有的行政执行流程一接到底，以大数据分析、决策、处理手段提高上下部门的协调效率，减少沟通时间，实现对城市问题的快速化、精细化处置，从而提高体系内部事情的解决效率。

3. 顺畅化的管理流程

完整意义上的城市管理流程囊括了城市设计阶段的规划管理、实施阶段的建设管理、运行阶段的功能管理等全部的、连续的过程，既有各城市管理部门之间的协同问题，也有城市系统各专业之间的衔接问题。因此，城市建设、更新改造、运营管理既要有一个顺畅化流程，更需要建立一个标准化的流程，流程中各专业部门之间的有序衔接，顺畅化的管理流程在城市管理由粗放向精细的转变中起着基础性作用。

流程化协同是现代政府的特质，有效消除政府决策、管理、运作和服务中的"碎片化"，所体现的结构性协调机制、制度性协作机制与程序性协助机制，是与现代城市社会形态相适应的流程管理。精细化治理的精髓在于构建顺畅、合理、高效的流程管理，城市精细化管理重点必然放在加强城市运行管理流程顺畅、高效和不断优化上，这对城市治理的精细化程度产生重大影响。通过规范化的、端到端的全流程化打通政府条块分割和科层管理形成的壁垒，整合行政职能、职权、事务和事权，实现管理与服务的双重维度的横向协作和纵向贯通，同时运用信息化技术实现部门联动、无缝对接，促进城市管理由无序粗放向有序精细的转变。

4. 智慧化的管理手段

移动互联网、物联网、大数据、地理信息系统、云计算等新一代信息技术的广泛应用，为提升城市信息化水平、增进数据共享和资源整合提供了重要抓手，也为建设智慧城市精细化管理、支持城市管理的科学决策提供了有力的技术支撑。

建设智慧城市的精细化管理，将会产生以下影响。一是推进城市管理的跨部门信息共享。明确信息资源共享的标准，深化信息集成和综合应用，提供更加便捷、高效的城市管理信息，这些信息不仅对城市整体规划和其他部门决策有价值，对企业和市民也是重要的信息。二是应用新一代信息技术提升城市公共服务需求和问题识别能力。在这方面，如北京市率先建设网格化管理系统，走在全国前列，下一步，这些城市还有必要将提升公共服务需求和问题识别能力作为工作重点。以区县为基础层级，整合各部门的热线电话系统，凡是与政府服务相关的事务，包括政府信息咨询服务，均予以受理，不断增进政府与市民的直接沟通，也为收集和识别城市治理的问题信息提供了可靠途径。

5. 科学化的绩效考核

城市管理作为政府公共治理的重要组成部分，将绩效理念引入到城市管理中，建立适应现代城市治理要求的绩效管理体系，通过公众参与、信息公开、建立内外部监督机制等途径实现城市管理效能的提升，是提升城市精细化管理的重要体现。

城市政府绩效管理的实施过程中，应以提高公众满意度为目标，将这一目标贯穿于科学的绩效综合评估指标体系之中，并在实践中不断修正和完善。目前，北京的大部分区县均已建立起了城市管理综合考评制度和"月检查、月曝光、月排名"制度，下一步应根据精细化管理要求完善和拓展考评范围，继续完善综合考评制度建立城市管理绩效评价体系。针对城市执法过程中的选择性执行现象，如对一些简单易处理事件重复处理，而一些疑难顽症问题则采取放任态度，对分值较低的公共服务类事项不予重视等予以约谈和行政问责制度，约谈区或部门主要领导，并开展专项巡视督导和媒体曝光。同时大力推动考评结果在行政效能监察、人事任免、绩效管理方面的应用，切实推动工作奖惩。

二、完善城市精细化管理组织体系建议

1. 正确处理突出的几个问题

（1）主体——公众与政府

城市环境是各类主体活动的结果，城市治理是一个复杂的系统工程，政府是城市管理主体，企事业单位和公众等是城市实践的主体，党的十九大强调要"完善党委领导、政府负责、社会协同、公众参与、法治保障的社会治理体制"，体现多元共治的理念。当前，很多城市的城市治理工作往往成了城管部门的"独角戏"，单一的城管部门难以解决不同阶层、不同群体的利益矛盾，多元主体各自应有的功能和作用没有得到应有发挥，应建立多元化的城市治理，实现多元主体良性互动，从而提高构建和谐城管、和谐社会的综合能力。

一些城市的治理系统不仅要处理好与地方政府、企事业单位的协调沟通，更应当促进公众对城市管理工作的了解、理解和支持，扩大有序参与、信息公开、议事协商、权力监督的途径，营造良好的城市治理舆论生态。一是建议设立"群众议事中心"等公共话语空间，邀请党代表、人大代表、政协委员、市民代表、网民代表、媒体代表等，对重大、复杂、社会关注度较高或影响较大的城市治理案件进行评议，评议结果作为治理工作的重要参考依据。二是搭建群众诉求平台，畅通群众诉求渠道，变监管为服务。建议建立"城市管理服务超市"，整合现有几个城管平台、微信、热线等群众诉求渠道，建成城管综合服务工作室作为受理群众各类诉求的服务点，对群众诉求案件做到"第一时间受理、第一时间处置"，对处置单位"第一时间评价绩效"，促使各部门转变工作方式方法，主动、及时处理群众诉求问题，达到群众诉求"有人办、迅速办，群众满意"的运行目标。三是建立调处化解矛盾纠纷综合机制，推行城管执法调解保障模式，设立城管执法公证室、城管巡回法庭等，形成城管行政执法与上诉相衔接的工作机制。

（2）纵向——决策与执行

纵向科层制是一种权力依职能和职位进行分工和分层的组织体系和管理方式，城市不同级别政府之间的出发点和目标的差异不可避免地造成政策目标和手段的矛盾与冲突，使得许多城市管理政策和措施无法得到实施，极大地降低了城市管理的效率。

目前，城市精细化管理在纵向方面应处理好高位决策与重心下沉执行的关系，增强北京城市管理持续性。高位决策主要是指北京市级层面的城市管理部门，履行业务指导、组织协调、监督检查和考核评价职能，完善管理标准、健全制度体系、强化决策指导，不断创新城市综合管理新模式；重心下沉执行主要是指赋予区、街道等基层必要的人、财、物和执法手段，集中发挥属地管理、精细执法、服务民生的行政效能，切实有效解决"看得见的管不了，管得着的看不见"的现象。要做好城市精细化管理，既要高度重视高位协调、市级层面宏观决策指导的综合统领职能，也要高度重视属地管理、城市管理重心下移的执行处理职能。"统筹"与"下沉"是城市管理中的两种资源整合手段，必须相辅相成，不能偏颇，目的都是让城市管理的决策、协调、指挥更加高效。

（3）横向——统筹与合作

政府部门都有本部门利益，各自拥有独立的职能区域、政策空间以及在管理领域内的裁判权，相互之间隔离，导致城市管理碎片化。城市管理内容的多元化决定了城市管理工作需要各个横向职能部门的协作，否则就会沦为"九龙治水"的局面。

综合管理和专业管理的统筹与合作关系，是相融相通、共同促进的关系。处理好统筹与合作，增强城市管理系统性。特别是一些超大城市，城市管理各子系统之间复杂交错，难以简单分解，专业职能部门的管理模式在这些城市管理中作用日渐低效。有些城市问题往往涉及环卫、教育、税务、卫生、商务、住建、公安、交通、城管等十几个专业管理部门，只靠一家专业部门管理，往往治标不治本。所以城市管理必须强调综合，强调综合并不是要取消专业，而是要在综合中体现专业。实现综合管理的一个最主要的改革措施就是城市管理领域的大部门制，它整合城市管理相关专业职能部门，同时建立各个专业部门之间、地区与街道之间的统筹与合作机制,部门统筹与合作程度成为城市管理整体性程度的重要考量,纳入政府绩效考核。

2. 完善精细化管理组织体系的措施

(1)职能梳理

从目前一些城市的政府职能结构现状来看,仍然存在不合理的问题,如城市管理职能清单不清晰、执法范围过宽、内部的执行与监督还没有形成相互制约。因此,在职能结构调整方面,具体可以从以下几个方面着手:一是着眼"有效政府",划分与行政能力相适应的职能范围。在公共物品领域中引入竞争机制,更多地运用间接管理、动态管理和全程监管等手段,实现公共服务的市场化和社会化;二是突出城市在市级层面的城市规划、监督管理、统筹协调和跨区域管理,扩大区级层面的整合实施职能和城市公共安全保障职能等重大职能,发挥区在城市综合管理、促进发展和完善服务方面的主体作用,更好地提供公共服务产品,改善市容等基础环境;三是强化街道行政执行的职权。提高权力末梢的执行能力,必需职权、事权适配。区在整合事权后,将适宜的事权事务交由街道行使,发挥街道在城市管理、执法和公共服务方面的基础作用,改善基层治理状况。特别明确对街道的考核由区委区政府统一组织。

(2)流程再造

城市精细化管理流程再造的目标是打造一个"无缝隙政府",这主要表现在管理理念上以市民为导向,改变现有城市管理事项,将层级、职能和部门全方位打通,实现真正意义上的无缝隙运作,流程再造将政府机构的触角延伸到最基层的服务对象,以无缝隙的运作方式向市民提供快捷和高质量的服务。城市的"无缝隙政府"流程再造应关注:第一,在更大层面上利用信息技术,减少组织结构层次,将政府职能和部门全方位地打通,从而真正做到"纵向到底"和"横向到边"的无缝隙运作。第二,组织结构和运作流程以市民满意为目标来设计,缩短自上而下的运作路线,提高执法事项的响应与反馈效率。第三,城市管理指挥信息平台在现有流程的基础上进一步梳理和流程再造,围绕集感知、分析、服务、指挥、监察"五位一体"的智慧城管总体架构，按照"统一管理、统一标准、统一流程"原则，集约化建设全市网格化城市管理云平台，为市区街三级网格化城市管理提供支撑。

（3）组织重构

城市政府机构重构方面，首先确定部门职能，据职能确定机构和人员编制，规范机构设置和编制管理，有效调整组织机构的动态机制，机构重构在横向和纵向两个方向同时努力，才能实现北京城市精细化管理体制机制改革的效果。一是在纵向管理层面进一步完善"两级政府、三级管理"结构模式。城市管理重心下移是大都市政府扁平化的必然趋势，其核心内容就是权力下放，包括市、区向街道基层分权。加强社区自治，增强社区自我服务、自我管理的意识和功能，将城市政府部分职能下移到社区，充分发挥社区自治的功能。二是在横向管理层面进一步探索大部制。在明确各部门职能分工的基础上，通过控制机构总量、基本结构模式和主要部门之间的关系，将同一层次、职能重叠交叉的部门按照综合管理的要求，合并成大部门。很多城市政府的机构整合空间还很大，而且中央允许地方在部门设置上进行灵活探索，机构改革有着更大的自主性和创新余地。

第四节　区块链技术与治理赋能

党的十九届四中全会对坚持和完善中国特色社会主义制度、推进国家治理体系和治理能力现代化作出重大战略部署。首次将"科技支撑"作为社会治理体系的重要组成部分提出，指出要坚持和完善共建、共治、共享的社会治理制度，完善党委领导、政府负责、民主协商、社会协同、公众参与、法治保障、科技支撑的社会治理体系，建设人人有责、人人尽责、人人享有的社会治理共同体。而在大会召开之前，中共中央政治局就区块链技术发展现状和趋势进行第十八次集体学习，习近平总书记在主持学习时强调，要推动区块链底层技术服务和新型智慧城市建设相结合，提升城市治理的智能化、精准化水平。区块链技术与国家治理能力现代化两者之间具有一定的深层联系，为城市治理体系和治理能力建设指明了方向。

推进城市治理的创新，就是推进国家治理的现代化。城市是人群、机构、资源和财富的积聚之处，也是问题和矛盾的积聚之处，城市治理体现城市政府的社会治理能力，在国家治理体系中有着特殊的重要性，推动传统的城市治理走向现代意义上的城市治理，是国家治理体系和治理能力现代化的重要内容，也是城市的管理者们亟须面对和解决的重大课题。近两年来，随着区块链技术的研究与应用呈现爆发式增长态势，被视为继大型机、个人电脑、互联网、移动/社交网络之后计算范式的第五次颠覆式创新。我国在区块链领域拥有良好基础，探索运用区块链等科技支撑加强和创新城市治理，有效提高城市政府治理能力，是推进国家治理体系和治理能力现代化的应有之义。

一、区块链在城市治理中的核心价值

坚持和完善共建、共治、共享的社会治理制度，标志着我们党对社会治理及其规律的认识达到了新高度。全面提高城市治理质量是深化城市化进程，提升国家治理水平的关键路径。区块链技术是底层科技支撑，应充分认识到区块链技术在提升城市治理水平的核心价值所在。

1. 共建、共治、共享语境下的城市治理

以共建、共治、共享提升城市精细化治理水平，打造共建、共治、共享的城市治理新格局，是新时代加强和创新城市治理的根本遵循。共建是构建城市治理新格局的基础，强调的是在党建引领下，政府、市场和社会等多元主体的协同建设。要求各主体提高参与城市基层治理体系建设的积极性和能动性，为市场主体和社会力量发挥作用创造更多机会，同时需要围绕城市治理的总目标对不同主体的目标进行整合，增强共建力度和效果。共治是构建城市治理新格局的本质，强调的是不同利益主体在城市治理中充分协商的多元主体共治行为。要求政府、市民、企业、社会组织、社区组织等共同参与城市治理，超越政府对社会自上而下的单边管控模式，保障市民依法有序地参与到城市社会公共事务的治理当中，促进城市基层社会治理中的合作共治。共享是构建城市治理新格局的目标，强调的是城市治理要以不断增强市民的获得感、幸福感、安全感为导向，让人民共同享有治理成果。要求城市治理

从"管制型"转为"服务型",从"网格化管理"转为"网格化服务",始终把民生优先原则贯彻在城市治理全过程,加快实现基本公共服务均等化,推进社会治理现代化归根到底是为了不断满足人民日益增长的美好生活需要。

作为社会治理体系的重要组成部分,科技支撑在打造共建、共治、共享的城市治理新格局中的作用日益凸显,在进一步推进共建、共治、共享的城市治理中发挥着越来越重要的作用。互联网、大数据、人工智能、云计算等新技术正在以前所未有的速度、深度和广度对城市未来生活方式和治理模式产生深远影响,城市大脑、数字孪生城市、智能城市等新概念不断推动城市治理的创新方向。特别是,近十年间快速发展的区块链技术,比单纯的互联网、大数据、人工智能更具有革命性和颠覆性,其具有的分布式、透明性、可追溯性和公开性等技术优势,为强化城市的系统治理、依法治理、综合治理和源头治理,提升城市治理的专业化、智能化、法治化水平,完善共建、共治、共享的城市治理带来了技术保障。

2. 区块链与城市整体治理观的契合

20世纪90年代中后期,西方各国继新公共管理改革之后,进行了第二轮政府改革运动,造就了整体政府的公共行政范式,随后逐渐演变为在西方政府治理领域有较强影响力的整体治理理论。Christoppher Pollit指出,整体治理理论是一种通过横向和纵向协调的思想与行动实现预期利益的政府治理模式。包括四个方面内容:排除相互破坏与腐蚀的政策情境;更好地整合各种稀缺资源;促使领域内不同利益主体合作协作;为公民提供无缝隙且全面的服务。可见,整体政府模式主张在不消除组织边界的前提下,强调合作协同,采用协作和一体化的方式,促使各种公共管理主体(政府、社会组织、私人组织以及政府内部各层级与各部门等)协同工作,以达到功能整合、资源整合的目的,为公民提供无缝隙服务。

整体政府观为我国城市整体性治理提供了一种视角,蕴含着共建的思想与理念。作为复杂系统,城市治理体系内部模块之间是相互联系、相互影响的整体,需要具备高度的耦合性和关联性。目前,城市政府的职能部门相互分割、相互排斥,缺乏有效沟通与协作,导致整体性治理功能部门化、分割化、分散化，削弱了城市治理的整体效果，是超大城市"城市病"问题难以得到有效治理的重要原因之一。区块链P2P技术的分布式账本和新型信任机制所体现的技术理念与整体政府观相契合。不仅能够破除部门之间的信任障碍、改变过去政府间的信息不对称情况、打通"数据孤岛"和"数据割据"、防止数据被篡改、保障信息安全，还能够通过流程再造，推动着政府从科层官僚制向以数据和技术为辅助的扁平化治理模式转型，推动城市问题的解决，从部门政府走向整体政府，从碎片化治理走向整体性治理，更加及时、合理、有效地参与城市治理。

3. 区块链与城市多中心治理的契合

随着社会科学的不断进步与发展，社会阶层不断分化并产生多元化诉求，传统政府的单中心供给效率低、回应性差等问题日渐凸显。埃莉诺·奥斯特罗姆和文森特·奥斯特罗姆夫妇通过长期社会实践调研，共同创立了多中心治理理论，得到了越来越多的社会学者们的关注和认同。该理论是为解决公共事务管理中的"政府失灵"和"市场失灵"的弊端产生的，认为公共事务治理应该摆脱市场或者政府单一权威的治理方式，建立"政府—市场—社会"三维框架下的多中心治理模式，试图弥合市场或政府各自的缺陷并将两者有机结合在一起。

多中心治理理论同样体现着城市共治机制与效应。多中心城市治理作为一种现代化的政府治理理念，强调在相互信任的基础下，多元主体间的多向度的合作，要求从传统的城市政府单一管制模式转向政府、企业、社区组织和公众多元协商共治，体现了城市治理理念的转型和升级。区块链的去中心化和去信任等特点能够在技术层面帮助实现良好的多中心治理环境，真正把多中心治理这一理论落到实处。在这一点上，与区块链的去中心化特性不谋而合。区块链在不同利益相关者之间构建起一个去中心化的、点对点的分布式对等网络，形成一个去中心化的"自组织"网络。政府主体从传统的"单一中心"的管制角色与企业、社会组织和公众建立起一种平等的交互关系，促使城市治理结构更加透明化、多元化和平等化。

4. 区块链与提升服务型政府的契合

建设服务型政府是国家治理现代化的一项基本要求，实现现代国家治理的一个重要标志。建设服务型政府就是坚持以人为本，最大限度地提高群众的满意率，真正做到发展为了人民、发展成果与人民共享。当前，政务大厅"一站式服务""最多跑一次""不见面审批""吹哨报道""接诉即办"等改革在许多地方推行，各级政府都注重将方便群众放在重要位置，力争通过大数据、"互联网＋政务"等实现公共服务在覆盖广度、服务质量和及时性等方面的提升，以数据跑路代替人跑腿，简化办事流程，提高办事效率，切实提升公众的获得感，也提升了城市治理的精细化水平。

打造服务型政府离不开区块链等技术的有序融合，契合了服务型政府的改革方向。首先，区块链是建立在互联网基础上的可信任网络，因此城市政府在服务和管理过程中通过区块链可以破解传统的政务服务沟通成本高与管理效率低的难题，通过分布式结构消除"层级间、部门间、条块间、区域间、平台间"的"数据孤岛"，重塑科层组织流程，实现"直面公众的一站式服务"。其次，区块链技术保障数据的安全性、真实性，对政务工作起到有效的监督和规范作用，为"循证治理"提供完整的证据链条，促进政务公开，助力打造阳光型政府。最后，区块链实现公众个性化公共服务需求，促使公共服务模式从"政府供给为中心"向"公众需求为中心"转变，使服务型政府建设更具有人情味和人性化，从而更有利于政府有效行政。

二、区块链技术赋能城市治理的场景应用

城市治理水平成为测度一个国家治理能力现代化水平的重要指标。当前，区块链应用已从金融领域向社会生活各个领域逐步延伸，在有些城市治理领域已经从技术构想走向了现实应用，并更好地提升城市治理效能。

1. 治理机制的合作协同化

城市是一个统一的整体，需要上下左右全方位协调。城市治理涉及规划、住建、交通、市政市容、园林绿化、国土资源、水务、综合执法等部门，普遍存在着规划、建设与运行管理脱节，部门信息分割，部门联动机制缺失等

现象。从纵向看，层级之间权限和职责划分不合理，管理事权和财权不匹配；从横向看，部门之间工作职责边界模糊，权责交叉或重叠，加大条块间、部门间的协调难度，增加行政成本。

区块链是一种广泛参与的分布式记账方式，去中心化是区块链技术的首要特征，是帮助人们在彼此并不熟悉的多领域内协作的工具，能够有效解决的便是城市治理中的协同问题，包括两个层面，一个是城市治理层级和部门之间的协同，另一个是数据信息交流和共享之间的协同。以传统科层制为特征的治理机制，各专业部门之间的沟通与协作通常需要信息自下而上，再从上至下地传递数次，这样不仅无法应对高速变化的外部环境，而且还会导致信息在传递过程中的损失与失真。去中心化意味着区块链网络系统没有核心的管理机构，每个参与主体的权利与义务是均等的，明确责任和义务主体，区块链的去中心化克服了官僚制组织层级多、信息传递慢的弊病，有助于建立紧凑、扁平的组织结构，有助于各专业部门的沟通与协作，减少信息垂直传递的次数，增加信息的水平传递。区块链消除"数据孤岛"，使政府内部流程被深度重塑，进而简化治理流程，切实保证部门间、街道间的无缝衔接，确保了整体治理的部门间协调程度，促进城市治理的迅速反应，提高城市治理的协同效率。

区块链中的每个参与部门都可以将其记录的信息共享给整个区块链网络，每个参与维护的节点都有权获得一份完整数据库的拷贝，这就构成了一个去中心化的分布式结算网络，可以在无须第三方介入的情况下，实现点对点式的信息交换和共享。如南京市打造的区块链政务数据共享平台，该平台由公安、工商、社保、民政等49个政府部门充当管理节点，各节点以平权共建为原则，构成庞大的政务联盟链网络。各部门上传数据时同步附带数字签名，以验证数据上传身份真实性，提升数据共享采信。同时，各部门都是全节点，可查看所有部门数据，减少数据传输过程的安全隐患。所有数据上传、查询和使用都会被记录，数据的所属权、使用权清晰界定，便于数据在不同部门间的流通共享。

2. 治理过程的作业标准化

城市治理过程的作业标准化是常态化治理的重要手段，是城市精细化、有序、有效运行的基础性保障。通过制定一整套科学、可操作性的作业标准，可实现对市政道路、交通秩序、市容市貌、环境卫生、园林绿化、施工管理和环境保护等领域的统一运行维护，其中城市的运行维护与城市监管的部件和事件对象紧密关联，涉及城市建设、管理、作业、监督、执法、考评等各个环节与层面的标准体系。

从城市治理的作业范围来看，从城市、市辖区、到社区以及城管网格逐次缩小，定位到城市治理部件和事件的地理位置。从作业流程来看，按照标准化规范，从案件发现、案件立案、派遣执行、执行核查、到核查结案和综合评价全过程阶段，表现在每一类城市治理部件和事件均有对处置内容、处置期限、处置责任部门和处置结果的规范的执行规定和作业标准。区块链技术是一种不可篡改的智能化信任，通过智能合约技术保障存储、读取、执行整个过程透明、可跟踪、不可篡改，能够解决城市监管的个人与组织之间、部门之间、发现者、执行者、评价者与物联网之间的信任问题，对于涉及多个部门的同一作业，只需具备相关权限并用私钥进行签名验证，数据便会即时同步送达相关部门和街道。通过区块链技术对各节点进行合理分工，高效完成各项作业任务，为庞大而繁杂的统一位置标识的城市治理监督对象提供实时自动撮合、强制执行。在区块链上执行作业的过程中产生和记录的数据信息，可以帮助监察部门对城市运行业务流程的规范性进行监控和评估，并通过挖掘流程负载、发生频率、相关部门等数据之间的关联，用来监督运行过程、检测实施偏差和应急事件的预警执行，并通过相应的分析实现动态优化和加强调控。可见，区块链技术成为提供改进特定作业流程或解决特定问题的新方法。如利用区块链的防篡改、可追溯的特性，对环境质量状况进行完整记录和数据关联分析，找出环境潜在污染，将预警标准以合约条款的形式写入计算机程序当中，随时启动减污行动。

3. 治理行为的执法透明度

随着城镇化的加快和经济社会处于转型期，规范执法行为和程序显得尤为重要。城市治理执法部门办案中的证据收集是查明案件事实、依法做出行政处罚的前提。城管执法人员在查处违法行为时，必须及时发现证据、合法提取相关证据、依照法律程序合理有效利用证据，最终才能对案件事实做出准确的结论。

在城市治理行政执法过程中，对登记立案、调查取证、审查决定、送达执行、行政强制、归档管理等行政执法全过程进行记录的活动，包含文字记录、音像记录、信息监督平台记录等方式，这类记录一定程度上存在丢失、篡改、损毁等隐患。而区块链记录不可逆、不可篡改的特性能够很好地处理这块短板，通过在联网执法通等执法终端中添加区块链电子签名应用，把违法对象、地点、事实、执法过程等记录上链，形成可查、可信、可用的证据链，增强城市执法的公正性、公开性、透明性。

在对行政许可类日常执法检查，这类审批工作遇到许可裁定时，对证据排除存在真伪性辨别和有效期辨别等问题。城管行政执法明确提出非法证据排除规则，即不得以非法手段收集证据。城管行政执法收集的证明违法行为人和违法实施的证据，必须符合关联性、真实性和合法性的要求。若在审批过程中将许可数据采用区块链智能合约等方式记录上链，形成不可篡改的固定数据，并配置专用查询密钥，在执法检查过程中，即可通过执法通等终端联网查询合约内容，即时辨明真伪相关信息，能够增强执法针对性和有效性。如基于区块链技术的政府环境污染治理系统可以对环境污染企业在生产经营产生的数据上链，环保部门能够清楚地掌握环境污染发生的时间、规模范围、污染程度等证据。

4. 治理监督的追溯精准度

对治理主客体的监督是保证城市治理过程与目标一致性的有效环节。对于治理主体而言，可以实现对城市治理相关政府部门治理绩效的评估量化和考核管理；对于治理客体而言，可以实现对城市监管对象的监督管理和控制。区块链通过内带时间戳的链式区块结构存储数据，从而为数据增加了时间维度，且任意两个区块间都通过密码学方法相关联，可以追溯到任何一个区块的数据信息，具有极强的可验证性和可追溯性。

场景一：治理主体的绩效管理。建立适应现代城市治理要求的绩效管理，通过公众参与、信息公开、内外部监督等途径，实现城市治理效能的提升。利用区块链的防篡改、可追溯技术，结合全国大多数城市已经建立的数字化城市治理系统进一步为治理结果提供可追溯的精准数据提供有力保障，提高政府的公信力和执行力。绩效评价指标主要从立案数、响应时间、及时率、办结率、警告率、返工率、公众评价、媒体评价等方面进行考量，这些评价指标的原始数据均来自城市治理运作过程中相关职能管理部门从案件发现、上报、派遣、处置、反馈等在融合平台上自动生成并保存的数据，这些数据通过加密技术，按照时间的顺序进行叠加，生成永久的不可逆向修改的记录，任何数据信息的修改、检验、传递都需要各节点共同认证，保证了评价数据的公正性、客观性，从而真正实现对政府部门的有效监督。

场景二：治理客体的监督管理。对城市公用事业、民生息息相关领域的监管，不仅是城市政府的重要职责，也是保持社会稳定、体现城市治理能力的重要方面。在城市治理中运用区块链独特的共识机制和数据结构，有助于确保数据质量，提升政府治理能力，可广泛应用于政府重大工程、环境污染、食品药品安全、城乡社会救助、垃圾分类、公益服务事业等领域的监管。如构建食品安全区块链信息管理平台，可完整、准确收集食品在制造、分销、零售等供应链环节中的重要信息，并将其永久储存在区块链信息平台中，食品加工的上下游供应链之间共享数据、交叉验证，实现数据公开透明，可以有效追溯食品的确切来源、监控食品处理的全过程，提升溯源功能和信息透明度。

5. 治理主体的广泛参与度

我国传统的城市治理集中体现了"单中心"的总体特征，城市公共物品和服务的供给结构呈现出一元性、一体化、等级制、命令性的特点，只有一个单一的权力中心来决策，这个单一的决策中心就是政府。随着城市化的进程不断加快，城市社会逐渐演变成一个陌生人社会，城市公共事务日益复杂，公民权益彰显，只关心与自身利益相关的，对城市社区事务漠不关心，单纯依靠政府"单中心"作为城市公共服务和公共事务的供给端，其在城市治理政策和行动方面的缺陷就显而易见了。而公众作为城市治理的需求端，是直接影响城市发展的重要变量，引导公众成为城市治理的供给端，其参与的程度和规模衡量一个城市社会现代化的重要尺度。

场景一：共同参与，共同决策。在区块链共识机制促使下，不同利益相关者之间构建一个点对点的分布式对等网络，各个治理主体遵守统一的协议，社会多主体针对数据的有效性达成一致或共识，各尽其责而又自发协调地形成有序的联盟链，共同参与和决定公共事务，决策结果由社会全体共同决定，政府的角色和作用从最初的领导者变为积极的协调者和参与者，适用于城市居民共同参与公共事务讨论与决策的情形，如城市社区事务投票表决、社区代表投票选举、小区居民公约共同协商等。

场景二：共同参与，协同决策。政府作为公权力的执行机关，在多个主体组成的联盟链中充当强中心的角色，联盟链上的各个主体可以抽象为政府间的具有较多联系的机构主体，联盟链节点之间通过协商，达成一定共识，根据多方主体的实际需要和权限形成智能合约，智能合约在区块链上自动运行，共同提升政府行政效率和治理水平。如北京互联网法院的"天平链"，目前已完成跨链接入区块链节点19个，完成版权、著作权、互联网金融等9类25个应用节点数据对接，"天平链"采用强中心、多点维护的原则，分为许可节点、一级节点、二级节点、应用单位四个层级。北京互联网法院是许可节点，一级节点是司法机构和行业组织，参与天平链共识、数据校验与记录。二级节点不参与天平链共识，仅做数据校验与记录。其他接入的公司则只对接存证服务，不具备"天平链"的治理权。多方共同推动电子证据领域的公共事务。

场景三：共同参与，共治共享。有助于达成公民之间、公民与政府之间良好的合作秩序。政府、市场和社会能在互信和合作的基础上，进行有效沟通、深度对话，共同参与社会公共事务治理过程，形成共治状态，提高社会治理的有效性。如佛山市禅城区直面"社区居民彼此间不信任""陌生人城市"等痛点，以区块链等信息技术为手段，把辖区党员、群团组织、群众、业委会、物业公司、社会机构等资源有效统筹起来，在自然人数据库的基础上，叠加区块链技术，推出IMI身份认证，全面解决网上人员真实身份确认问题，以此重构社会信任体系，让"陌生人"变成"老熟人"，提升社区居民间的信任度，共同建设共享社区。对参与共享活动的社区居民实施积分激励，对于积分高、参政议政能力强的居民，可作为人大代表、政协委员建议人选进行推荐。同时，将党员干部服务积分作为党员评优评先、评星定级和干部提拔选任的重要依据。

三、基于区块链技术的城市治理路径

1. 区块链赋能城市治理的技术架构

从技术的角度看，相对于互联网、人工智能、大数据技术而言，区块链不但是一种新兴技术，也是其他这些技术的基础性、支撑性和关键性技术；就区块链技术自身而言，它不是一种单一的技术，而是P2P网络、密码算法、数据库、一致性算法、分布式结构等多种技术融合的结果。结合目前智慧城市和数字城管的建设现状及治理水平，融入去中心化的区块链技术，构建城市治理系统总体结构，整体由一个分布式的结构组成，一共分为三层，分别是数据及采集层、共识及网络层、业务及应用层，每一层由不同的技术组成。

（1）数据及采集层

城市数据是城市运行的科学分析和管理的基础。通过现代数字信息技术，自动采集最底层前置的物联网感知终端数据和公众热线、移动终端等社会感知数据，传输网络完成数据采集数据的传送。数据中心记录和汇总城市运行管理过程全生命周期内产生的所有数据，包括地理、人口等的基础数据和部件、事件等的实时数据，形成了城市部件、事件的管理对象与管理流程的大数据。区块链的分布式"去中心化"特性，可以大幅降低城市数据库的部署和维护成本，提高数据处理能力。当有新的业务系统接入时，信息目录可以快速生成，实现业务数据共享。同时，区块链数据块由整个系统中具有维护功能的节点来共同维护，以不可篡改的哈希值存储，保障城市数据安全。

（2）共识及网络层

数据层往上是共识及网络层，是区块链技术的精髓所在，其中包括POW、POS共识机制、PKI访问控制技术、P2P对等网通信技术及数据验证机制和传播机制。基于区块链开放性特性，采用高效可扩展的共识算法进行区块的生成和确认，通过P2P对等网技术实现节点之间的通信，外部添加的治理主体PKI技术实现访问权限管理，有效避免政府部门间的信息不对称，实现城市数据信息共享、管理公开化和治理透明化。按照共识机制，通过政务信息系统、指挥调度系统、巡查监察系统、运行监测系统、公共治理与服务系统五大网络系统平台，为城市治理各主体参与协同提供技术支撑。依托于区块链时间戳技术能够对数据进行精细化管理，记录信息储存和修改的全部过程，防止恶意篡改，既能确保信息安全，又能保障信息的正常使用。

（3）业务及应用层

共识及网络层之上是业务及应用层，设计区块链城市治理系统的终极目的是应用，该层涉及部门职责、管制规则、法律法规、联盟公约、市民公约等所形成的智能合约，其直接与实际业务和应用挂钩，是业务逻辑与区块链系统运行的结合，具体流程为城市治理主体各方对具体某一业务共同参与制定一份合约，每个主体都掌握一对公钥和私钥，保障其在区块链内的权限。通过P2P网络扩散并存入区块链，区块链的智能合约自动执行检查、验证、保存等，对存储在区块上的城市运行数据感知、指挥、分析、监察，实现城市治理日常运行调度、应急指挥和公共服务。

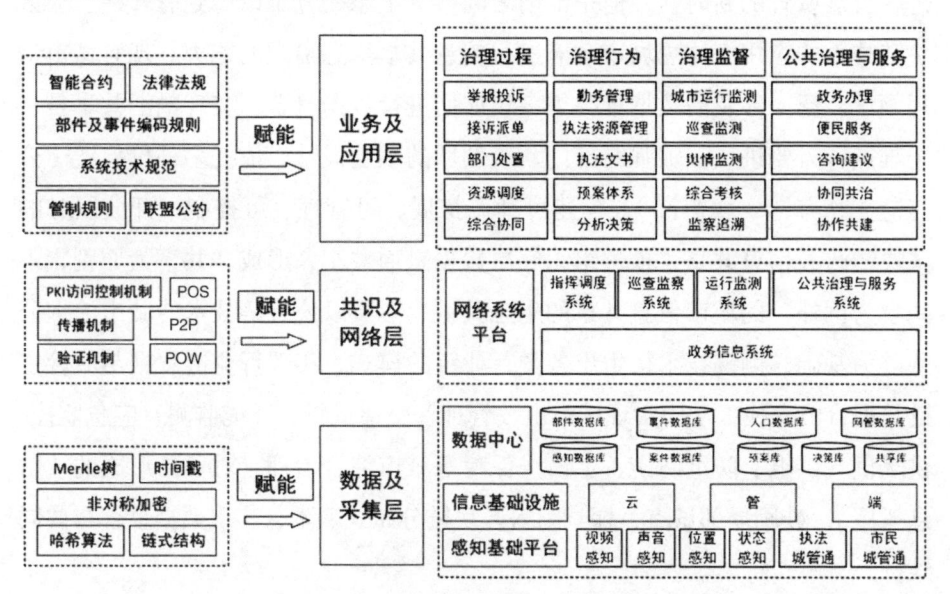

图6-1 区块链赋能城市治理结构图

2. 基于区块链的城市治理实施策略

（1）驱动治理流程再造

区块链不仅仅是一种技术，其更大潜在优势在于改变和再造政府治理流程，通过技术实现规则层面的重构，是对城市公共事务运行和政府治理流程的重构。作为一种治理技术，区块链与传统的政治议程不同，其治理规则渗透于算法和技术结构中。在区块链从技术上解决"数据孤岛"前提下，城市治理部门应重点推进在系统整合、协同联动下的流程再造，流程再造的目标是打造一个"无缝隙政府"，流程再造应关注：第一，在纵向层级关系上，信息流通加快，上下级间距离缩短且关系更为密切，减少中间层级冗余，从而在政府内部建立起一种更加紧凑、更加扁平的组织结构，将政府职能和部门全方位地打通，使政府运作效率和回应公众诉求的能力大大提升；第二，在横向层级关系上，以市民满意为目标设计科层制的横向业务流程，缩短横向间的运作回路，简化政府办事流程，提高执法事项的响应与反馈效率，真正实现"面向公众"的"一站式服务"。

（2）营造信息共享生态

近年来，我国城管信息化建设发展迅速，已经从数字化办公、数字城管进入智慧城管的新时代，但是部门之间共享生态一直难以得到有效建立。区块链技术的应用应体现城市政府进行信息共享生态治理的能力。现有城市治理领域广泛，涉及的数据种类繁多，如何进行数据整合、实现融汇共享是一个难点，需要进一步加强跨部门、跨领域的顶层设计，依托多种价值链（公有链、私有链、联盟链），构建可动态扩展、可管理、可控制、开放服务的区块链政务信息共享，推进组织底层数据融通共享，形成"共享为原则、不共享为例外"的城市信息共享的生态共识。形成以公有链技术的城市治理公共链为基础，侧链技术衍生出各类行业链的模式，实现行业链数据与城管主链数据自由交换，从而实现城市市政管理、交通运行、环境监测、应急监控、供水供气供电、防洪防涝、生命线保障等城市综合治理。对于已形成的"信息孤岛"，鼓励局部试点，探索引入区块链分布式账本，实现数据整合与共同维护。

（3）扩大公共服务内容

区块链技术为提高城市公共服务便捷性提供了新手段与解决方案，将加速城市政府从"管理者"向"服务者"的转变，如利用哈希算法记录，将分散储存于多个部门数据库里的诸如出生证、结婚证、护照、机动车行驶证、房产证、工商执照等数据记录在区块链上，在此前提下为市民提供各类综合公共服务。此外，城市治理者应支持和鼓励"区块链+"在民生领域的运用，加快区块链前沿技术和人工智能、大数据、物联网等信息技术的深度融合，有针对性地开展与民生息息相关的政务、养老、医疗、社保、教育、文化等惠民服务应用场景，创造更好的城市公共服务体验，为人民群众提供更加智能、更加便捷、更加优质的公共服务。

（4）提高市民参与意识

发挥共识机制和智能合约积极引导市民作为信息提供者行为的重要作用，针对市民参与度不高、积极性不强等问题，城市政府应进一步开通市民通等APP应用类程序实现城市治理智能化，运用区块链技术激励市民参与，将APP登录在线时长、举报上报情况等行为转换为节点算力，获取节点奖励，奖励的数字资产保存在公有链上，节点奖励可用于兑换线上奖品、查询公用信息、享受公共服务等。特别是政府在计划制订或者修改某项政策时，利用区块链系统向社会进行公示、征集意见、听取民意，让城市市民见证政策的民主形成过程，在实践上改变公众参与城市治理的认知和状态，从而进一步激发市民投入城市治理的举报投诉、投票选举、参政议政行为的积极性，形成一个"人人有责、人人尽责、人人享有"的城市治理共同体。

第五节 绩效管理与城市治理

一、绩效管理有助于加强城市治理

随着城市公共服务设施的不断完善，大量人口涌入，城市的社会问题越来越复杂，管理的重要性也越来越凸显。而现实情况是城市治理体系存在着多头管理，条块分割，执法、监督乏力等行政效能低下等问题，亟须建立适应现代城市治理要求的绩效管理体系。

1. 实施绩效管理是落实深化改革的重要体现

从党的十八大报告中提出的"创新行政管理方式，推进政府绩效管理"；到党的十八届三中全会提出的"严格绩效管理，突出责任落实，确保权责一致"；再到党的十八届五中全会以创新发展理念布局"十三五"规划，要求"全面推进预算绩效管理"，表明实施政府绩效管理是改革的大方向，也是建设责任政府的核心环节。城市治理作为政府公共治理的重要组成部分，将绩效理念引入城市治理中，建立适应现代城市治理要求的绩效管理体系，通过公众参与、信息公开、建立内外部监督机制等途径，实现城市治理效能的提升，是当前和今后一段时期，我国行政管理体制改革、建设"服务型政府"的重要体现。

2. 实施绩效管理是强化城市服务和治理的有力保障

建立科学的城市治理绩效评价体系是对城市政府管理的工作行为与结果进行确认并评价的综合性过程。目前，全国大多数城市已经建立的数字化城市治理系统为进一步促进城市管理的精准模式提供了有力保障。与人为的定性评价不同，利用系统自动生成的统计和报告功能将减少人为因素，使评价更具科学性，从而真正实现对政府部门的有效监督，促使城市治理由以往的被动接受问题和处理问题，转变为政府主动发现问题并解决问题；由以往粗放、传统的管理，转变为精细化、信息化管理；由以往依靠"突击式""运动式"的管理，转变为建立城市治理的长效机制，提高政府的公信力和执行力。

3. 实施绩效管理是协调跨部门跨专业的重要手段

城市治理是一项综合、复杂的系统工程。我国现行的城市治理体制以专业化管理为主，各部门职能交叉、多头管理等问题比较突出。特别是从部门的角度制定相关的政策法规，缺乏相应的系统性与关联性，导致人为分割处置流程的整体性问题。比如，当城市治理中遇到需要跨部门、跨专业协调解决的问题时往往缺乏沟通与协作，造成公共服务、公共管理效能低下。这种

"碎片化"的管理已经无形中成为困扰政府效能发挥、影响公共服务水平提升的一个重要的体制性问题。部门协调程度是城市治理整体性的重要考量。实践证明，最有效的协调手段就是加强考核评价和结果运用，将部门协调事项办理的结果纳入政府绩效考核。这种绩效考核要随同协调办理事项进行具体考核，年终进行综合考核。同时，这种考核要纳入政府信息公开，在官方媒体公布，接受公众和舆论监督。只有抓住绩效管理这个"有形的手"，建立各个专业与部门之间、地区和街道之间的协调机制，才能切实保障政令畅通、综合统筹和无缝衔接。

二、探索城市绩效管理的创新实践——以海淀区为例

习近平总书记对北京工作的系列指示对城市治理工作提出了更高标准和要求。海淀区实施的城市治理综合考核评价体系正是对新要求的最好实践和具体落实，对探索城市治理的精细化治理具有一定的现实意义。

1. 机制创新：有效整合市政管理资源

海淀区城市治理综合考核评价体系以问题为导向，是推动城市治理领域常态化工作的机制创新。为克服专业管理部门职能交叉、多头管理的弊端，海淀区设立了城市服务管理指挥中心（简称"指挥中心"）。指挥中心整合了全区域多个市政管理部门，负责统筹、协调、调度各专业管理部门发挥管理职能。在"大城管"体系改革的背景下，海淀区通过机制创新，由指挥中心统筹、引领全区的城市治理综合考核评价工作，实现了指挥中心作为城市治理体系的核心。指挥中心牵头修订了考核评价办法，为各部门和街道（镇）加强城市治理工作明确了标准和工作流程。指挥中心对全区域的城市治理问题实行统一调度派遣，将"条条""块块"的处置资源全面整合，形成了专业处置资源和地区管理资源融为一体的优势，在一定程度上解决了"条块"因职责不清造成的扯皮问题，实现了从"多头管理"到"统一管理"的巨大转变，进一步提升了城市治理的执行力。

2. 考评体系：科学保障城市管理运行

海淀区综合考核评价工作以科学决策、统一领导，明晰定位、统一指标，

合理设置、统一组织，简便高效、统一平台，问题导向、统一运用为基本原则。考核主体包括涉及城市治理工作的28个区级部门和29个街道（镇）；考核内容包括现场检查考核、执法过程考核、专项考核、网格化城市服务管理系统考核和社会评价5方面。其中，专项考核涵盖文明城区建设、市容环境、自管绿地、生态林地和道路清扫保洁5项内容。科学设置合理的考核评价指标体系决定着考核评价的可操作性和避免考核目标的偏差。海淀区以分类指导为出发点，根据不同部门实际，确定考核指标并细化到4级指标体系。区级部门依据工作内容分为两类：第一类为现场检查考核和执法过程考核，涉及13个区级部门；第二类为只涉及执法过程考核的15个区级部门。街道（镇）根据城市发展现状分为建成区、城乡接合部和北部地区3个大类。其中，现场检查考核从城市治理问题入手，从问题发现和问题解决两方面进行考核评价，侧重问题解决；执法过程考核主要考核执法量和数据信息，侧重执法量。

3. 融合平台：大幅提高城市治理效率

按照因地制宜、方便服务管理的原则，海淀区以万米网格为最小管理单位，进行立体化、全覆盖的网格化服务管理，加强对事件的服务管理和监督。全区共划分643个网格。其中，社区网格620个、重点单位网格19个、道路网格4个。同时，明确管理标准和流程，建立相应的组织保障体系，并配置信息化技术手段和设备，通过嵌入数字技术、延长治理链条，整合了末端管理资源，有效提升了城市管理的精细化水平。2016年，海淀区上线了网格化系统融合分析平台。该平台进一步整合了网格化社会服务管理系统资源，实现了业务融合、系统融合和时空融合，完善了多数据源监控、空间可视化分析、移动视频多功能应用。其信息收集、任务派遣、处理、反馈、核实、结案、综合评价的各环节均通过网格化融合平台完成。平台记录的数据进一步强化了各环节、部门、岗位管理成效的评价和监督。

4. 科学考评：助力优化城市综合运作

城市治理领域考核评价工作有效统筹了城市治理的各项检查工作，改变了城市治理考核评价工作考核体系多、考核主体多、考核内容交叉重叠的现状；通过综合统筹城乡环境检查综合考核评价结果、全国文明城区考核测评体系中城市治理的相关指标、"四公开一监督"考核评价、网格化城市治理专项考评4类考核评价工作，既降低了行政成本又进一步提升了城市治理服务水平。城市治理运作过程中的信息发现、上报、派遣、处置、反馈、评价等所有信息实时在融合平台上自动生成并保存，及时反映城市治理中的问题是否得到解决，以及相关职能管理部门的工作进度，便于指挥中心监督和评价。评价指标主要从立案数、及时率、办结率、警告率、返工率、公众评价、媒体评价等方面进行考量，确保了全区管理运作的统一执行。

5. 绩效管理：有效提升服务水平

城市治理综合考核评价体系以问题为导向，向综合治理和全方位服务拓展，实现对每个管理环节的科学化和标准化，大大减少了管理的盲目性，在管理内容的界定、管理责任的划分、管理负载均衡等方面强化了城市服务职能。同时，结合居民群众的诉求办理、对全区环境的社会评估、街道（镇）对区级部门的工作评价等环节，使监督和评价更加客观有效。信息公开增强了绩效考核的透明度。居民群众的监督有助于解决由于信息不对称造成的"绩效造假"等问题，有助于更好地发挥激励作用。比如，每月在网络、微信等公开媒体公布对各级部门、各街道（镇）的考核评价得分和排名，督促相关责任部门改进服务，提升工作效率。

三、深化城市治理的绩效管理抓手

经过几年的探索与实践，海淀区网格化社会服务管理体系建设取得了重要进展。但是在探索绩效管理的创新实践中还面临一些有待解决的问题。

1. 提高运用考评平台大数据分析能力

网格化系统融合分析平台每天要产生海量数据。这些数据包含丰富的内容和许多具有规律性的信息，城市治理者应通过挖掘这些数据，提高管理服务水平。一是要统筹、综合管理数据。各部门应实现数据库的高效互联互通，汇聚整合综合性管理数据，推进数据在网格集中落地，逐步实现数据的属地采集与管理。二是要加大开发公益信息资源的力度，建立门类齐全的城市综合管理数据库，为城市治理标准的精细化决策提供大数据支撑。三是要深入研究、分析城市治理的规律，综合运用考核过程中产生的大数据，发现城市治理过程中的工作规律和相关数据之间的关联，发现其背后的规律，为制定精细化的管理制度、操作规范和流程服务。比如，通过分析居民群众的需求等数据，挖掘潜藏的负面舆情及发展态势，降低城市的舆情风险；通过分析、处理城市交通数据，有效预警、缓解交通压力。

2. 优化完善考评指标体系提升执行力

虽然信息化考评体系避免了传统评价方式的人为因素干扰，使评价结果更为客观，但是存在选择性执行的行为困境。为了完成考核指标，有些部门对一些简单、易处理的事件，比如公共服务类事件，出现重复处理的现象，造成人力、物力、财力的浪费。而对一些疑难顽症、难于处置的事件，比如维稳类、需要化解的事件，则采取无视放任的态度，在资源有限的情况下，本能地优先考虑、选择考核分值较高的"刚性"指标，以便取得较好的排名。因此，在政府绩效管理的实施过程中，应以强化公众满意度为标准，突出公共服务质量这一核心，并将这一核心贯穿于构建科学、合理的绩效综合评估指标体系，在实践中得以逐步修正和完善，进一步提升考评过程中的执行力。

3. 加大基层网格人员教育培训力度

网格化管理将城市治理的链条进一步延伸，扩展到网格这一基层治理层级，客观上提高了对基层网格管理员工作能力和协调能力的要求。基层网格管理员对网格内发现的问题进行分类，按事态的严重程度、处理的紧急程度和整治的难易程度，进行分类后上报信息平台，再由相关职能部门负责处理。但是由于受制于网格管理员的业务能力，对一些事件往往无法作出轻重缓急的明确判断，由此导致事件处理的不确定性和不彻底性，由此间接影响了相关职能部门的绩效。因此要紧密结合一个时期的工作特点和需要，对网格管理员进行业务培训，建立履职能力培养制度，包括以相关政策、法律法规、业务知识、职业道德为主要内容的培训课程体系。专业部门应积极主动地与网格管理员沟通，加强业务培训和指导。

4. 建立多元驱动绩效管理体系

城市治理一直存在自上而下的行政管理与自下而上的居民自治两个维度，而城市的社会秩序状况即取决于这两个维度的良性互动。在绩效管理实践中，发达国家非常重视构建以政府为主导的多元主体体系。公众全程参与绩效评估的每个环节，注重公众、政府、民间机构三方真实有效的合作、沟通与协调，使多元参与政府绩效评估的效果达到最大化。为此，要建立多元驱动的城市绩效管理体系，一是建立健全公众参与机制，逐步提高公众参与政府绩效管理的素质和能力，强化保障公众参与政府绩效管理的制度供给，最大限度实现"资源整合到网格、力量下沉到网格、问题发现在网格、事件解决在网格、百姓满意在网格"；二是通过各类组织整合分散的资源，搭建社会服务平台，扩大社会参与度，充分调动社会力量，发挥各自优势，弥补网格管理短板，满足社区居民多元化、多层次的服务需求，提高基层治理水平。

第六节 城管执法与重心下移

一、解决城市治理领域主要矛盾的着力点

党的十九大提出了许多新理念，确定了许多新任务，将"全面依法治国""加强和创新社会治理"作为新时代中国特色社会主义思想的重要组成部分，其中"建设法治政府，推进依法行政，严格规范公正文明执法""加强社区治理体系建设，推动社会治理重心向基层下移"等命题被纳入新时代的历史任务，这无疑给深化城管执法体制改革、提高城管执法水平指明了要求和方向。目前，按照《中共中央国务院关于深入推进城市执法体制改革改进城市治理工作的指导意见》要求，各城市积极推动执法事项属地化管理，下移执法重心。新时代的属地化城管执法已成为社会关注的一个焦点，也是事关我国依法治国和城市发展的一个重要问题。

我国社会主要矛盾已经转化为人民日益增长的美好生活需要和不平衡不

充分的发展之间的矛盾，这是我们对中国特色社会主义进入新时代得出的科学论断。现阶段，特别是城市治理领域，随着城市建设的飞速发展和城市化进程的日益加快，我国社会转型的不断推进，社会结构日益复杂，不同社会阶层的利益需求形成不同的利益取向和价值取向，由此产生的城市公共问题也不断增多，这些直接或间接地影响着与城市居民密切联系的城市治理工作，城市治理关系着老百姓生活的方方面面，社会整治关系复杂，治理面广、治理难度大，城市治理领域的不平衡不充分发展显得尤为突出。城市治理作为社会发展和社会治理不可分割的一部分，其根本目的是解决人民日益增长的美好生活需要和城市治理不平衡不充分发展之间的矛盾。

城市治理已经成为国家治理体系最重要的组成部分，必须清醒认识我国城市治理已经进入精细化管理的新时期以及阶段性特征，要求城市治理必须顺应人民群众不断发展的新需求，把加强城市精细化管理摆在突出位置。城市治理的重点在基层，难点在街面，解决城市治理领域主要矛盾的着力点应该在街道等基层。城管执法作为政府部门与人民群众距离最近的行政行为之一，其在执法主体、职责权限、执法程序、强制手段、结果反馈等一系列方面呈现出的种种问题，将城管一次又一次推向社会舆论的风口浪尖，甚至成为政府与公民矛盾最为集中的焦点之一。

从改革开放初期的初步探索阶段，到《行政处罚法》出台后的相对集中的行政处罚权和综合行政执法阶段，我国的城市治理执法体制目前已经进入以重心下移为特征的深入推进改革与创新阶段。依法行政、程序正当、高效便民、责权统一的城管执法是提高精细化管理水平的重要体现，不仅是当下着力解决城市精细化管理发展不平衡不充分的矛盾与问题的需要，更关系着如何满足新时代人民日益增长的美好生活需要。实行城市治理的管理权限和执法力量向基层下沉成为目前解决城市治理领域主要矛盾的着力点，在街道一级设立城管综合执法队在一定程度解决了城市综合执法中长期存在着的基层力量薄弱、执法效率不高的问题，但也面临着以下亟待解决的新情况，这些问题如果没有解决，将严重影响城市执法体制改革的成效。

二、关注城市执法重心下移出现的新情况

1. 城管执法机构职责目标内生冲突

城市治理有系统性和整体性,而街道因发展程度存在差异,其短期目标往往与市、区的整体目标有所不同,会产生宏观与微观、整体与局部、上层与基层不可避免的矛盾。一方面,上层的执法力量完全下沉后,基层难免存在着本位主义倾向,城市综合执法的目标将大受影响,甚至会影响政令畅通。有些街道把城管执法队视为自己的"机动队",无论是否属于其职责范围,甚至无论是否合法,都调用城管执法力量,城管执法队的工作任务除了城市治理综合执法外,往往还要负责街道办事处其他工作,如维稳、征地拆迁、治理黑网吧、计划生育等事务。另一方面,市区级城市治理部门赋有对街道执法指导和监督的职责,重心下移后,街道执法队的时间掌握在街道办事处,导致各街道执法队各自为政,各执法队的执法间隙也难以协调,难以组织全区范围内的统一执法行动。财务由街道管理,集中培训的费用分摊也有难度,对执法行为缺乏流程和标准方面的培训的统一组织管理弱化,缺乏系统的法律专业知识和业务素质培训,难以适应复杂多变的执法环境,这些都直接影响了基层执法工作易造成选择性执法、暴力执法和滥用执法权等问题,严重影响执法规范性、公正性,损害城管执法队伍形象,甚至引发社会矛盾。

2. 执法人员和执法能力结构性错位匹配

在街道,城管执法面对的事项越发庞杂和专业,有时感到力不从心。一是城管执法人员专业能力制约了执法能力。执法下移后,按照综合执法要求将专业管理部门职能转移到街道执法层,承担了有关专业管理的监督处罚职能,如果相关专业人员没有下移或者街道执法人员专业能力没有跟上,则会造成管理事项与执法能力的错位,反而降低了执法效率。如现代食品药品安全风险的复杂性要求监管工作高度专业化,对食品药品监管人员的专业性、技术性提出了较高的要求;二是城管执法人员数量制约了执法能力。城管执法普遍不能满足城市急剧扩大、人口激增的现实需要,城管执法工作量显著增加,但因编制和经费的严格限制,城管执法人员数量远远不能满足执法工

作需要。为了应对大量的执法任务，各地普遍聘请协管人员协助执法。据了解，到2015年年底，全国城管系统事业编和行政编人员有45万人左右，协管人员大约是正式编制人员的3倍，有的地区则达到6倍。人员数量不足、身份多样、素质不高，加之不同身份执法人员的录用、考核和问责还没有建立一套完善的制约监督制度，直接严重影响执法的规范性和执法水平。

3. 碎片化的部门职能稀释执法效力

推进下移到街道综合执法能够强化基层执法力量，破解基层执法力量薄弱、多头重复执法等问题，逐步实现跨部门、跨领域的综合执法。目前，很多城市的街道办事处普遍设立了综合执法部门，以派驻街道的城管分队为主体，整合公安、工商、食品卫生、安监、环保、消防、园林等多个部门共同参与执法。城管部门的执法行为离不开其他职能部门的配合和支持，但是有关职能部门对城管执法机构的执法配合不力，加之协调机制不健全，城管部门往往难以得到其他部门的配合。如有的街道城管执法机构需要的信息查询，相关部门以只能为公检法或纪检监察部门提供信息查询服务为由拒绝；有的街道城管执法机构的行政处罚需要来自相关部门的鉴定、证据或技术处理意见，却迟迟得不到答复；由于城管执法机构不具有采取行政强制措施的权力，在实际执法过程中，常需要申请公安、法院强制执行，但目前多数城市没有建立城管公安联勤联动机制；一些职能部门本应对本相关领域内的违法行为进行管理和处罚，但害怕自己被起诉、被追责，只愿意参加由街道牵头的联合执法或实施一般性的行政检查、巡查、行政劝导等软性执法，由此导致没有执法权的街道办事处在牵头执法过程中执法效力大打折扣和弱化。

三、妥善处理城市执法下移后的五大关系

1. 执法范围与执法效果的关系

城管执法从相对集中行政处罚权到综合执法，执法范围事项已经多次变迁。根据2017年5月1日起实施的《城市治理执法办法》规定，城市治理执法的行政处罚权范围包括住房城乡建设领域的行政处罚权，以及环境保护管理、

工商管理、交通管理、水务管理、食品药品监管方面与城市治理相关部分的行政处罚权。该办法采用概括性的表述，为各地方立法指明了执法事项的范围和空间，但在实际工作中，往往陷入只要"发生在城市内"的均为涉及城市治理，皆可纳入城管事务，城管执法则不可避免负责起城市的方方面面，据对46个城市公布的权力清单统计，城管执法事项涉及27个领域，执法事项累计共968项，这说明城管的职责范围已极为广泛，比如有些省市将城管执法纳入参与打黄扫非、禽流感防控等工作。特别是在基层城管执法部门的人、财、物以及执法人员能力水平和技术力量有限的情况下，很有可能降低执法效果，损害行政相对人的合法权益，影响政府公正规范执法。

因此，地方城市应把握好基层综合执法范围，一方面，在街道和市区权责划分、财政供养保障关系、组织人事激励机制和执法队伍培训等具体工作机制方面，还需要进一步探索和寻求有效方式，宜采取弹性方式，随着街道办事处执法能力和经验的提高，逐步增加下移的执法职权。另一方面，应全面厘清市区综合执法与街道承担的具体职责和执法边界。凡是直观的、路面上的、简单易行的和容易发现的执法事项可以下放到街道，对于一些综合性强、专业性强、执法技术要求较高的事项，在基层执法能力还没有达到规范执法的要求时，不宜一揽子都下放到基层执法队，均应由市区综合行政执法局承担。

2. 执法主体与规范执法的关系

街道办事处作为区政府的派出机关，本身没有实施执法处罚的主体资格，不具备独立的行政执法权，执法工作通常采用授权或委托形式实施，受区政府的领导，其职责权限来源于区政府的授权或委托，代表区政府行使权力，由委托部门承担相应法律责任，因此，城市执法管理重心可以下移，执法队伍可以下移到街道办事处，但城管执法主体不能下移，执法主体至少要保留在区一级，而不能下发到街道办事处。市区相关执法力量延伸和下移街道，基层执法力量和能力普遍不足，必然带来的问题是不能及时有效发现和处置城管执法人员的违法行为，特别是在街道层面，违法行为处置的滞后性更为明显。

基层执法过程中的不规范和有效监管缺失导致城管执法的负面新闻不断，影响到公众对政府的认同感。为此，打造一支强有力的基层执法队伍更加迫在眉睫。一是借鉴公安、部队的经验做法，在现有区级督查和考核的基础上，建立更加严格有效的内部监督工作制度，强化日常规范监管、精细监管。二是基层城管执法队伍在工作机制、人员招录和培训方面形成统一的标准，出台城市街道综合执法队伍硬件建设标准和执法队伍建设标准。加强跟踪培训，全面提升城管执法人员的法律适用能力和知识更新的运用能力。三是提倡基层执法倾向于柔性执法，与区级不同的是，基层执法点多面广量大，遇到的违法案件往往很难界定法律依据，从实践工作中看，街道办事处接近80%的案件是通过各自灵活多样的柔性方式解决的，如劝说、协商、感化、补偿、服务等解决实践中的问题，这些处理办法可以有效地拉近城管执法与市民社会之间的距离。

3. 综合执法与专业执法的关系

综合执法和专业执法不是简单的集中和分散的关系，综合执法突出在与群众生产生活密切相关、执法频率高、多头执法扰民问题突出、专业技术要求较低等领域，从源头上逐步解决多头执法、重复执法和执法缺位等问题。强调综合绝不是要取消专业执法，在城管实际执法过程中，更多地依靠环保、规划、土地、建设、工商、食药等专业部门规章制度执法，专业性更能保证城管执法的依法公正，如在城市大气污染防治领域，赋予街道办事处监督检查以及发现和制止违法行为的权力，但环保部门对污染源进行监测的装备和专业能力更强，应当承担监测管理职责和处罚裁定。特别是随着城市治理问题日趋复杂和依法行政的日益强化，强化专业执法在当今城市显得更加必要，在综合执法中体现专业性，采取专业适度的综合城市执法模式，两者之间是资源共享和协调促进的关系。

目前在城管执法实践中最难办的就是相关部门的处罚权划到了城管执法机构，但相关部门从事该项执法工作的人员、编制等并没有相应地划转到城管执法机构，导致对某些专业违法行为的鉴定能力没有随着职能的划转而划转，很容易导致执法能力跟不上的现象。因此，基层城管执法体制改革，在整合行政管理职能和机构的基础上相应实现综合执法。对于专业性较强的执法领域，首先应积极整合部门内部的执法资源，实行部门内部的综合执法。相关部门的处罚权整体划转到街道，人财物必须一同划转，否则就应该暂停划转或者分步集中、逐步划转，更不能以划转了处罚权而放弃作为业务主管部门和监督部门的监督与管理等职权。

4. 城市治理与城市执法的关系

城市治理和城管执法如同"一体两翼""一车两轮"，相辅相成，缺一不可，城市治理为综合执法提供管理资源，综合执法为城市治理提供执法保障。在当前的城市治理中普遍存在着监管缺失、管罚脱节问题，主要原因是城市治理部门与执法部门之间协调机制不完善，导致城市治理工作落实情况难以及时掌握，问题不能及时发现，形成了城市治理执法"最后一千米"难以打通现象，不仅提高了城市治理成本，而且造成了城市运行安全隐患和市容环境的"痼疾顽症"。

城市治理能力是城市政府能力要素的重要体现。《世界银行发展报告》将政府能力区分为潜在能力和现实能力两类，潜在能力包括人力、财力、物力等资源，现实能力则聚焦信息获取、利益平衡、政策执行、学习发展等维度。反映在基层执法，现实能力体现在执法队伍、工作经费、技术装备等可能调动的静态资源总量变化，现实能力则表现为按照依法行政要求下的执法公平与效率相统一的治理能力，它是通过管理体制机制的载体与内外部行政资源的转换后实现的治理能力。管理是目的，执法是手段。基层执法应加强信息反馈，将发现的问题向城市治理部门报告，并提出相应改善建议，实现前端审批、中端管理、末端执法的有效配合衔接，标本兼治从源头上根除问题。

5. 高层统筹与下移执行的关系

城管管理执法是政府部门与人民群众距离最近的行政行为之一，城市执法的事项，大部分集中在基层，集中在一线。实行城管执法重心下移，充分发挥街道属地化管理的作用，由于城市治理执法是一项动态的、繁杂的、系统的社会工程，具有职责范围宽、执法内容多、以现场执法为主、直接面对相对人等特点,这些特征决定了基层执法工作不能仅仅依靠一个部门的力量,而是涉及组织、人社、编制、财政、法治、城管、公安、食药、工商、水利、环保等多个部门,需由高层统一协调进行,而必须通过整合全社会的城市治理资源,凝聚合力、强化联动、畅通渠道、提高效率。城市治理执法具有职责范围宽、执法内容多、现场执法为主、直接面对相对人等特点。

一方面,高层统筹要集中履行规划指导、政策制定、组织协调、监督检查职能,统筹协调解决制约城市治理工作的重大问题,以及跨区域及重大复杂违法违规案件的查处。下移执行将管理与执法力量下沉到基层,业务工作接受上级部门的指导,日常管理以街道为主,集中发挥属地管理、精细执法、服务民生、促进和谐效能,切实解决"看得见的管不了,管得了的看不见"的现象。另一方面,高层统筹成立一个上位的指挥机构统一调度机构,推行大城管的管理模式。城管部门和其他部门在厘清权力责任清单的基础上,接受指挥机构的统一调度,各司其职履行执法职责,行使督察权和赏罚权等权力,否则就进行问责和处罚,从而有效解决执法力量下沉到基层后协调专业部门的难题和困境。

第七节 城市治理与智慧城市

随着近年来信息化、网络化的不断发展和各种新技术的应用,城市系统的运行管理越来越复杂,也对城市精细化治理水平提出新的考验。面对城市治理遇到的新挑战和新要求,智慧城市建设提出了"以人民为中心"作为新型智慧城市建设的基本内涵。重新审视智慧城市的建设现状和未来诉求,提出下一步新型智慧城市建设的新理念、新思路和新行动。

一、城市治理应成为智慧城市建设的核心

以信息化推进国家治理体系和治理能力现代化。城市治理已经成为国家治理体系最重要的组成部分,推进新型智慧城市建设,一方面要以城市精细化治理为引领,另一方面要不断支撑城市精细化的治理能力,不断满足人民

群众日益增长的物质文化需要。

1. 城市治理引领新型智慧城市建设

提高城市精细化治理水平，不仅是当下城市化快速发展的需要，更关系着如何满足新时代人民日益增长的美好生活需要。习近平总书记多次表示"要坚持人民城市为人民"，要下大力气根治"城市病"，增强民众获得感。因此，现代城市治理应积极响应和落实习近平总书记对城市发展规划、建设和管理等的重大要求，同样，智慧城市建设总体目标应顺应把保障和实现人的全面发展置于城市治理的中心地位，即以为民服务全程全时、城市治理高效有序、数据开放共融共享、经济发展绿色开源、网络空间安全清朗为主要目标，通过顶层规划与研究，全面改进"智慧城市治理体系"，以"感知、服务、监管、评价、分析"五位一体的城市治理指挥中心建设为载体，推进城市治理的精细化、智能化、社会化，全力推进新一代信息技术与城市治理深度融合和迭代演进，提高政府城市精细化治理与公共服务能力，全面促进城市治理从数字城管向智慧城市治理体系的跨越，让广大人民群众享受更好的智慧社会生活，同时通过信息化手段让广大群众参与共治，实现共享，并在此过程中拥有更多的参与感、获得感、幸福感。

2. 新型智慧城市支撑城市治理创新

党的十九大报告明确提出建设"智慧社会"。毫无疑问，加快建设智慧城市，将有助于智慧社会的实现。智慧城市建设，将充分运用大数据、物联网、人工智能、移动互联网、云计算、区块链等新一代信息技术提高工作效率，减少工作沟通成本，提高城市治理的精细化管理水平。由于专业化分工产生的各自为政问题，各行各业运作形成的信息资源存在碎片化问题。城市运行和管理涉及的信息资源孤岛带来的政府管理的整体性一直是城市治理的短板。智慧城市精细化管理创新，一个最重要的能力是利用信息技术增进政府部门之间的信息共享和管理协调，极大提高城市精细化管理供给和需求之间的匹配性。另外，智慧城市建设带来的信息集成和数据共享，不仅促进了政府部门间的信息共享和管理协调，也促进了政府、市场、社会之间的信息和数据共享，以及城市经济可持续发展，如在卫生领域，普及应用电子病历和健康档案，可促进优质医疗资源在更大范围内综合应用，推进智慧医院、远程医疗产业的发展。

二、智慧城市建设与城市治理存在脱节的误区

据不完全统计，2017年全国已有500多个城市启动或在建智慧城市，已成为推动以人为核心的新型城镇化的重要途径。但也存在着认识上的误区和实践上的不足，充分认识这些误区则会使建设过程少走弯路，为城市系统治理结构完善和功能升级提供更好的基础。

1. 重技术投入与轻软性建设

目前来看，许多城市当初的智慧城市顶层规划基本偏重技术架构，硬环境描述得比较清楚，追求新技术的建设规划会使智慧城市建设成为以技术为风向标的建设，最终可能会导致建设结果与城市实际需求或与城市发展阶段不相吻合，造成建设浪费。同时，城市治理体系的信息化建设理念比较薄弱，在促进规划设计落地的软性环境方面，比如制度环境、配套机制、政策措施、商业模式显得比较缺乏，没有治理体系和软环境的落地支撑的规划只能走传统信息化的老路子，达不到智慧城市的高度。智慧城市建设需要做好全面、长远的规划，必须对城市的功能服务体系有透彻的了解，对政府的治理体制、城市的运行管理机制、社会事业服务的机制有深入的把握，对于现有城市治理与服务的弊端有清晰的认识，对政府各部门之间的职能分工与利益诉求有深刻的洞察。

2. 重平台建设与轻管理整合

目前各城市纷纷开发城市城管综合管理信息化指挥平台，该平台的上线实现了城市治理综合监管和执法的信息化，在业务上与市城管执法局、政务信息平台、网格化信息平台的数据对接，使城管办公、执法实现了数字化。现有平台在结合城市城管实际情况、探路数字化城市治理模式上取得了一定的成绩，也奠定了未来发展的基础。但是，我们认为目前城市还没有一个完全意义上整体政府治理理念的治理体系和"智慧城市治理指挥中心"。具体表

现在：一是缺乏现代城市治理理念指引。目前城市城管综合管理信息化指挥平台还仅是个数字化的城管系统，整个业务还只是围绕着城管的局部工作展开，没有形成涵盖城市规划、建设、国土、房屋、市政、交通、园林、环保、环卫、工商、技监、卫生、民政、安全、综合执法、街道等整合政府部门和水、电、气、热等专业公司的大城管格局。二是缺乏顶层规划、研究与设计。目前城市城管运行机制效力不高，部门无法很好地协同，业务流程人为分裂，这都与城市治理体系、健全组织机构、协调工作流程、统筹各级服务管理基础工作平台等的顶层规划上存在需要提升的空间有关，致使与有序推进整体城市政府服务管理网格化体系建设有一定差距。三是缺乏一定的统筹与指挥能力。与城市服务热线、应急指挥、城市治理、视频监控等板块高度整合还不够，统筹指挥能力不强；存在考评机制尚未建立、考评情况无法量化等问题；针对自然灾害、公共卫生事件和突发群体性事件的应急指挥等建设不足；综合分析研判、决策指挥支持能力和应急维稳信息预测等能力尚显很大的差距。

3. 重行业发展与轻城市服务

智慧城市建设还存在一个误区，就是认为这主要是信息产业部门的事，注重智慧城市建设对信息产业的带动和发展，而背离了智慧城市建设的本意，国内许多城市的智慧城市建设更多的是将包括物联网、云计算、大数据、移动互联网等流行的先进信息技术加载到城市信息化平台之上，基本上都是信息采集、信息处理以及信息服务，并没有实现信息技术与城市各服务功能模块的深度融合，浮于表面，解决不了深层次的矛盾，例如"提高城市政府管理决策能力""提高信息共享水平""充分发挥数据资源的作用"等。一个城市是否智慧，根本不在于行业技术是否先进，而在于是否提供让人民有获得感的惠民服务。对于城市民众来说，感觉不到智慧城市的智慧，感觉不到政府城市治理与公共服务能力的提升。

三、处理好智慧城市建设与城市治理的总体原则

结合我国智慧城市建设的总体状况，除了不断推动智慧城市的转型升级，

还要秉承服务城市治理的理念，真正实现从理论到应用的智慧化。

1. 树立现代城市治理核心理念

党的十八届三中全会提出了"要改进社会治理方式"，"加快形成科学有效的社会治理体制"。随着城市的城市化进程持续推进，城市的空间结构、人口结构、社区类型和环境、社会需求结构发生变化，原有的城市治理领域自上而下的管理模式和"强管理、弱服务"状态已经陷入困境，迫切需要城市建立"以人为本，寓管理于服务"的新型城市治理模式，这点与新型智慧城市建设中"以人民为中心"作为其基本内涵相一致。智慧城市的建设应树立现代城市治理核心理念，将城市社会治理从单一政府管理转向多元主体参与协商、共同治理。坚持服务与管理并重，力求系统治理、综合治理和源头治理。从制度上与根本上解决、缓解群众对城市治理上的不满情绪。逐步实现基本公共服务均等化，促进流动人口的社会融入，实现系统治理。

2. 界定政府有为与不为的关系

党的十八届三中全会提出了"处理好政府和市场的关系，使市场在资源配置中起决定性作用和更好发挥政府作用"。智慧城市的建设应顺应现代城市社会治理理念，提升社会自治水平的一个重要标志就是从"单一、纵向"管理模式向"多元、协商"管理模式的转化。应理顺政府在智慧城市建设中的"有所为、有所不为"，构建"有限的政府、有边界的市场"两者之间良性互动基础上的多元城市治理模式。从"大政府、小社会"向"小政府、大社会"转变，把政府不能做的、做不了的、做不好的事务交由社会或市场来做，推动社会力量参与城市社会服务与管理。城市区政府应设立专项资金，通过购买社会组织服务项目、购买岗位、项目委托、补贴、奖励等方式，引导社会组织参与社会服务和治理活动，扩展服务和治理的资源，增强社会自治水平。

3. 建设城市治理与运营双中心

按照智慧城市建设中应发挥政府作用和市场决定性作用的要求，基于城市治理中自身特点与城市资源状况，从平衡协调管理与服务、行政与自治的关系出发，智慧城市建设应是政府与社会之间有分工的"双中心"互动，而非政府单中心主导。其中，智慧城市建设中属于公共安全、能源资源监控、市政设施监控、城市环境监测等城市治理中公共服务的政务领域，应由城市区政府投资建设、运营和管理，建立"智慧城市治理指挥中心"，具体由城建部门来牵头；而那些属于智慧旅游、智慧交通、智慧养老、智慧教育、智慧农业等城市中具有行业属性的，以及属于能够利用自身功能吸纳资金的有城市资源属性的，如智慧商圈、智慧社区、智慧园区、智慧村庄等，政府只担当"掌舵者"角色，社会组织、企事业单位等多元化投资主体担当"划桨者"角色，由发改部门或经信部门牵头建立"智慧城市运营中心"。

4. 践行技术与治理的双轮驱动

在信息技术迅速发展的今天，能够迅速把握先进技术，具备超前信息化建设理念的城市，其利用信息技术这一先进生产力的能力则更强，城市竞争力提升速度也更快。当前，在物联网、三网融合、云计算、大数据等新一轮信息技术引领下，以信息技术为基础的智慧城市建设成为必然趋势。但是，信息技术毕竟是实现城市治理的手段，能够促进城市的精细化和智能化，对治理体系、管理水平并不能真正起决定作用。智慧城市的治理水平和治理能力的提升，需要建立一个符合城市实际的、符合城市人民需求的城市治理体系，需要科学地运用网格化管理、组织管理、流程管理、绩效管理、运营管理、信息化管理和大数据分析等现代管理方法，真正体现出以信息技术与城市治理双轮驱动智慧城市建设。

5. 变革城市建设运营管理模式

科学合理的建设模式以及建成后的运营模式，是智慧城市成功实现的重要保障。随着公共服务需求定位迅速扩张，仅靠城市政府和指定的少数服务商已经不适应城市发展的需要，服务平台化以及全社会共同参与，重构城市区的公共服务与治理体系，是今后的发展方向。因此，在实施层面，应把智慧城市工程的总包、分包做一个全盘设计，除了政府核心资源和核心系统，其他工程最大限度地交给市场。在资金来源上，可以考虑以PPP等模式进行融资，有效利用民间资本，由政府购买服务，鼓励社会资本投入，委托专业公司运营，可以有效地解决智慧城市建设和运营维护中的一系列难题。

6. 实施治理绩效评价倒逼机制

在目标设计方面，智慧城市规划不仅要提出智慧城市的建设目标，更重要的是要提出提高城市治理水平的效能目标。对于智慧城市中的各功能模块，在明确数字化、网络化、智慧化的阶段性建设目标的同时，更加重视在提高城市治理和服务水平方面的效能目标考核，包括智慧政务、智慧镇街和智慧社区等的服务水平。建立科学的智慧城市治理绩效评价，依托信息化平台自动统计和报告功能，考核内容具体包括现场检查考核、执法过程考核、专项考核、网格化城市服务管理系统考核和社会评价等几个方面，为进一步促进智慧城市治理精准模式提供有力保障。

四、构建智慧城市治理体系的基本路径

智慧城市作为一项巨大的系统工程，构建以城市精细化治理为引领的智慧城市体系应按照以下路径完成，其建设成功与否直接体现一个城市的管理服务水平和不断提升的城市治理能力。

1. 顶层研究规划城市治理体系

在智慧城市治理体系理念的引领下，全面改进"智慧城市治理体系"，一是研究完善智慧城市治理的政策法规体系、标准规范体系、信息资源共享制度、信息安全等法制化和制度化建设。二是研究确定智慧城市治理体系的设计方案，包括多元驱动的城市治理体系、领导协调推进机制，跨部门的协同工作机制，城市治理主管部门的职责、公民参与城市治理的制度供给、各类组织参与城市治理机制等。三是研究智慧城市治理考核评价指标体系，将城市治理成效纳入相关部门和各街镇区绩效考核，从而统筹推进智慧城市治理建设。

2. 重新梳理跨部门的协同流程

目前城市治理与监管业务中，最主要的三种问题发现方式为监控视频、PDA上报和热线投诉等。跨部门协同涉及市政市容委、公安分局、水务局、

工商局、建设委、环保局、国土规划局、园林绿化局等区政府业务部门，各街道办事处、镇级政府部门，以及各社区和执法队。为扭转目前城管业务流程人为分裂、多头指挥和权责不明的状况，提高城市治理业务效率，重新梳理跨部门的协同流程是非常必要的。一是全面了解城市治理存在的主要问题和业务，按照问题导向原则进行分类，按照分类重新梳理跨部门协同工作流程。二是研究制定跨部门沟通机制和管理规范，促进智慧城市建设。

3. 全面分析城市功能服务需求

在有序疏解城市非首都功能背景下，全面分析城市的趋势、探寻城市未来的形态和公众需求的蜕变。一是从首都城市定位着手，深入分析社会民生、城市治理、产业经济对于智慧城市的诉求。二是面向城市的基础设施管理和城市功能服务，深入了解城市基础设施的部署方式和运行机理，包括电力、煤气、天然气、暖气等能源设施，自来水厂、供水管网、排水和污水处理等供排水设施，道路、桥梁、公共交通、出租汽车、停车场等交通设施，园林绿化、垃圾收集与处理、污染治理等环保设施，消防、防汛、防震、防地面沉降、防空等防灾设施等。三是对城市发展中遇到的关键问题具有深入的了解，如土地资源的有效整合、地下空间的综合利用、水利建设、交通建设、能源供给，等等。

4. 整体设计城市治理中心方案

通过以上对顶层规划的研究、协同工作流程的梳理、城市功能服务的需求，搭建以"感知、服务、监管、评价、分析"五位一体的城市智慧城市治理指挥中心，并提出完整的解决方案。一是确定中心定位，将建设一个面向城市安全运行、应急指挥调度、社会管理实施和政府公共服务提供支撑管理。二是确定中心组织结构。设计一个适应城市实际情况，容纳城市综合数据共享平台、指挥决策、城市管控、公共服务与社会管理、监督考核等部门的中心总体架构。三是确定技术架构。设计智慧城市治理运行指挥中心的技术架构，以及整个智慧城市的感知层、传输层、知识层和应用层等具体内容。四是确定应用架构。根据城市功能需求，设计智慧城市治理建设的几大关键应用，如城市综合管控应用、公共服务应用、社会管理应用、智能辅助决策应用和高位监督考核应用等。

5. 更加关注"下沉"城市基层治理

新冠肺炎疫情发生以来，对全国"智慧城市"建设是一场大考。各个城市交上来的答卷成绩不一，但可以看到"智慧城市"发挥了很大的作用。尽管如此，个别城市的智慧系统表现仍不如人意，从而产生对一些城市巨额的投资与智慧城市的实际效用是否匹配的质疑，智慧城市建设与市民的实际需求切合不紧密，与民生息息相关的公共应急管理、公共卫生健康等领域仍留有一些空白。疫情防控期间，车辆排查、人员登记、信息上报等防控工作还是靠人工来实现，与市民关系最为紧密的社区智能治理水平仍较低。为此，智慧城市应尽快补足短板，如何让智慧城市建设成果"下沉"成为未来一个时期亟待解决的问题。首要的是，智慧城市建设理念上要关注城市智慧系统的"下沉"，在加强社区管理的同时为居民提供更多便捷有效的智慧服务，将城市智慧系统融入社区治理的方方面面；其次，要尽快搭建和完善市—区—街道三级城市网格化综合的智慧治理平台，实现数据实时对接、信息分级共享、工作及时协调、应急迅速调处，为城市决策和科学部署提供有力的数据、图像的技术支撑；再次，各城市要借鉴北京、深圳等城市在政府网站开放可机读数据集，提供元数据、关联信息、数据项、可视化分析等数据信息，破除基层"信息烟囱"，为城市治理的数据智能分析和应用提供数据基础；最后，要深度开发科技创新赋能社区治理的支撑作用，进一步丰富大数据、区块链和人工智能等技术在社区治理中的应用场景，让更多的城市居民共享城市智慧化成果。

第八节 垃圾分类与环境治理

一、居民分类意愿与态度

源头分类是确保其生活垃圾有效回收和循环利用的根本前提，作为生活垃圾产生者和垃圾分类的主要操作者，居民的分类意愿与态度是整个垃圾资源化和减量化处理过程是否能够有效进行的最重要的影响因素，直接决定着垃圾分类政策的效果。本书以北京城市治理学会在2019年10月进行的生活垃圾分类情况公众问卷调查为分析样本，调查结果反映了以下特点：

1. 意愿与行为之间存在着偏离

北京居民的环保意识普遍较高，体现在参与垃圾分类的意愿上，表示愿意和支持垃圾分类的居民达到84.56%，支持的原因大多在于实施垃圾分类可以有效地保护环境和回收再利用；而明确表示不愿意和反对垃圾分类的居民只有3.60%，这些居民认为自己进行垃圾分类而他人不去行动，垃圾还是会被集中处理，达不到分类效果；11.84%的居民属于被引导的对象，垃圾分类政策推进的效果影响该类群体的分类意愿。

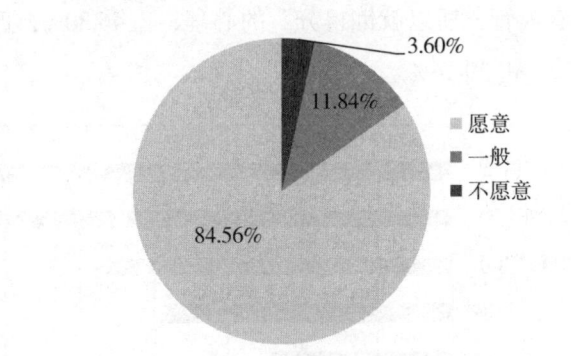

图6-2 居民对垃圾分类主观意识倾向比例

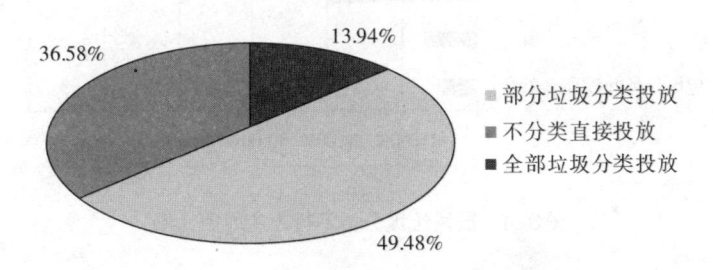

图6-3 居民对垃圾分类行为选择比例

就目前如何处理生活垃圾，调查结果表明36.58%的居民能做到将全部垃圾分类处理，每次都按照垃圾桶分类处理垃圾；49.48%的居民对部分垃圾进行分类处理或者仅对可回收垃圾进行分类；而13.94%的居民从不按照分类处理垃圾。从这些数据与上面对居民分类意愿数据比较，明显看出居民分类意愿与行为存在着一定的偏离，84.56%的支持垃圾分类的意愿比例与36.58%的全部垃圾分类处理比例存在着一定的偏离。

2. 意愿与行为偏离的深层原因

根据调查问卷所列明的8项原因的比例，分析表明，造成居民垃圾分类意愿与行为偏离的深层原因为分类回收系统的软硬件建设不足，其中对参与行动的影响较大的原因有以下四个方面。一是关于垃圾分类回收的知识不足，占67.65%，在一定程度上阻碍了居民的垃圾分类；二是与以前随意投放相比，垃圾桶或垃圾驿站的选址规划影响居民真正按照要求投放，比例为66.27%；三是并不是每一个人都有自觉分类的良好素质，由于没有相关制度的约束力，存在着"分不分没有人管，所以就懒得分"的心理，占46.30%；四是居民认为垃圾分类过于烦琐，占39.16%。

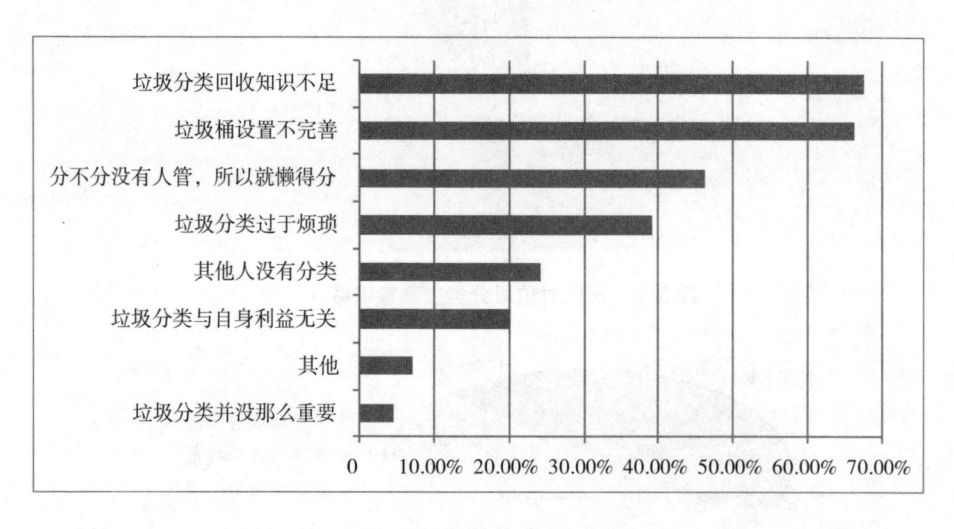

图6-4 居民垃圾分类不行为的原因比例

3. 缩小意愿与行为差距的路径

调查问卷表明，缩小居民垃圾分类意愿与行为差距归纳起来主要有两条路径，一条路径是改善垃圾分类回收体系软硬件，主要包括加强宣传、设置分类垃圾桶、补偿奖励机制和志愿者的现场指导等，支持认可的比例分别为75.26%、72.8%、68.31%和61.44%；另一条路径是通过建立社会约束力，主要包括执法与监督的同步、采取罚款等强制措施等，支持认可的比例分别为59.61%和54.36%，上述结果揭示了居民更希望通过软硬件建设来促使垃圾分类良好习惯的养成。由于习惯的养成更耗时，较为漫长，也需要政府部门通过出台有效的、有执行力的政策、法规，并配合奖惩制度，进而将政府意志转化为市民意识，从而较为有效地形成较强的社会约束力。

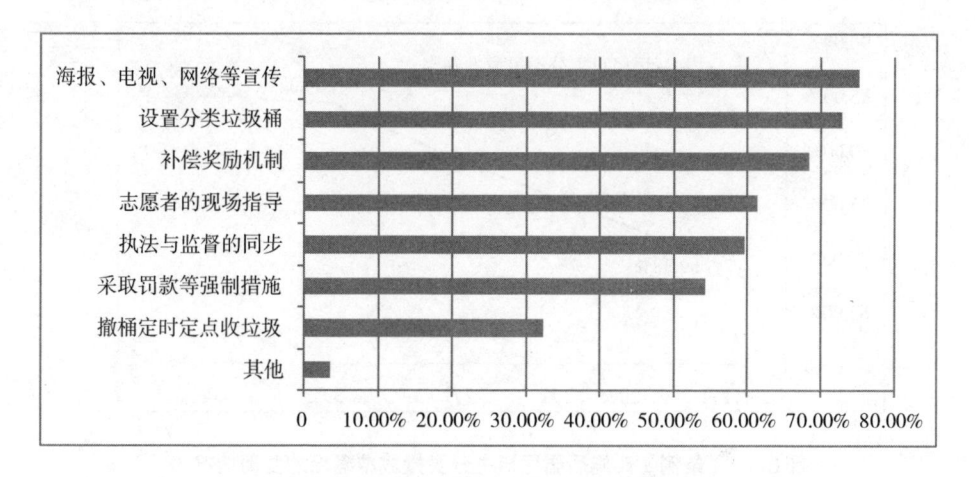

图6-5　促进居民垃圾分类行为各种措施选择

二、北京生活垃圾分类的主要成效

生活垃圾分类事关首都的人居环境和城市形象。一年来，北京市在疫情防控严峻形势下，将疫情防控与垃圾分类同步推进，符合首都实际和适应分类要求的生活垃圾分类治理体系已基本建成。

1. 公众正确投放习惯初步养成

全面推行生活垃圾分类，培养公众参与垃圾分类的好习惯是基础。正如习近平总书记在北京考察民生时所言："从每家每户开始就要培养垃圾分类的意识，养成这个习惯。"①经过一年来密集的宣传动员，实施奖励引导和监督约束的"引逼结合"措施，垃圾分类意识已经深入人心，公众的环保意识和行为自觉普遍增强，逐渐养成了坚持分类和准确投放的行为，将分类意识转化为正确分类行动的比例显著提升，市民关于垃圾管理问题的诉求量从2020年高峰期日均值693件下降到2021年前4个月日均243件，居民自主分类准确投放率从2020年的69.38%，到2021年4月份已经稳定保持在85%左右，居民垃圾分类和正确投放的习惯已经初步形成。

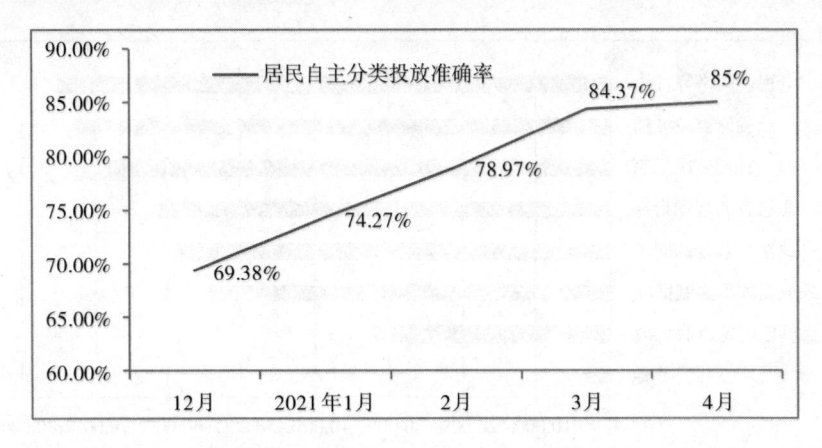

图6-6 《条例》实施后居民自主分类投放准确率的变动情况②

2. 生活垃圾分出质量显著提高

厨余垃圾的分出量和分出率是检验垃圾分类工作的质量的重要指标。实施垃圾分类以来，社区垃圾分类聚焦"设桶、盯桶、管桶"三个关键环节，居民分类参与水平逐步提升，直接促进了厨余垃圾分出量，从《条例》实施前的309吨/日增长至3878吨/日，比《条例》实施前增长了11.6倍，分出率从1.41%上升至20.00%，厨余垃圾"量率齐升"，分类效果超出预期。其中家庭厨余垃圾分出量在2020年12月达到峰值，为4248吨/日，随着垃圾减量行

---

① 新华社记者 高敬 王优玲. 推进垃圾分类 推动绿色发展——写在世界环境日到来之际[EB/OL].（2019-06-05）[2022-06-14]. http://politics.people.com.cn/n1/2019/0605/c1001-31120097.html.

② 数据来源说明：本章大部分数据如无特别说明，均来自北京市城市管理委（首都环境建设管理办）组织召开的《条例》实施后各次新闻发布会

动效果的显现，分出量在2021年出现下降，并呈现平稳波动状态，基本处于日均3800吨左右，生活垃圾分出质量提升显著。

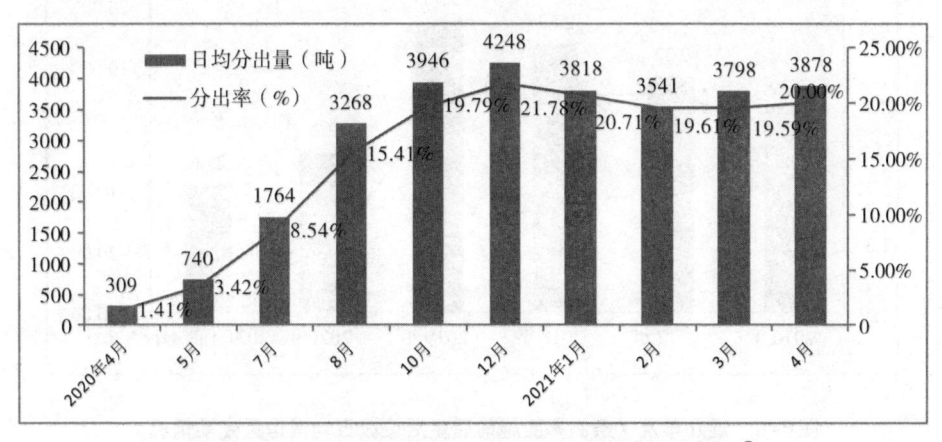

图6-7 《条例》实施前后生活垃圾分出量的变动情况①

3. 生活垃圾"三化"治理明显提升

减量化、资源化和无害化的"三化"治理一直是生活垃圾分类管理的原则与目标。随着实践的深入，"三化"已经成为对垃圾分类管理评价的要求。《条例》实施前，北京市生活垃圾产量以年均5%左右的速度增长，在2019年达到峰值，每天会产生近2.77万吨生活垃圾，人均每天1.2公斤左右。2020年5月，伴随着生活垃圾分类政策的实施，重点行业源头减量长效机制初步建立，宾馆饭店禁供一次性用品、禁售超薄塑料袋、落实"光盘行动"、净菜上市和进场、绿色包装等多个行动的开展，生活垃圾产量快速下降，2020年和2021年前四个月的生活垃圾产量减量为2.2万吨和2.06万吨，分别比2019年下降了20.58%和25.63%。同时，可回收物体系建设加快推进，促进生活垃圾资源化利用，生活垃圾回收利用率达到37.50%。有害垃圾固定交投点的设置，保障了有害垃圾应收尽收，全部进行无害化处理，无害化处理率保持100%。生活垃圾减量化、资源化、无害化的"三化"治理水平显著提升。

---

① 由于北京城管委没有披露2020年5月和7月的分出率数据，这2个月的数据是通过已披露的其他月份数据进行拟合而得。

图6-8 近几年及《条例》实施前后生活垃圾日均清运量变动情况[①]

4. 生活垃圾分类覆盖面日益扩大

随着一年来垃圾分类工作不断深入推进，构建了广泛的社会动员体系。从党员干部带头行动、志愿者桶前指导、小区物业就地宣传，到中小学生小手牵家庭，垃圾分类知晓率已从2020年5月的81.60%上升到2021年4月的98.00%。对生活垃圾分类的紧迫性和重要的认识加深，促进了北京市民的文明素养快速提升，主动学习生活垃圾分类的知识和技巧，厨余垃圾分出率不断提升。居民参与率从刚开始实施强制垃圾分类时的不到5成已经上升到2021年4月的9成。市民层面践行垃圾分类新时尚的思想自觉和行动自觉的覆盖面日益增多。

[①] 数据来源：2016—2019年的数据来自《城乡建设统计年鉴》，其余数据来自北京市城市管理委（首都环境建设管理办）组织召开的《条例》实施的历次新闻发布会。

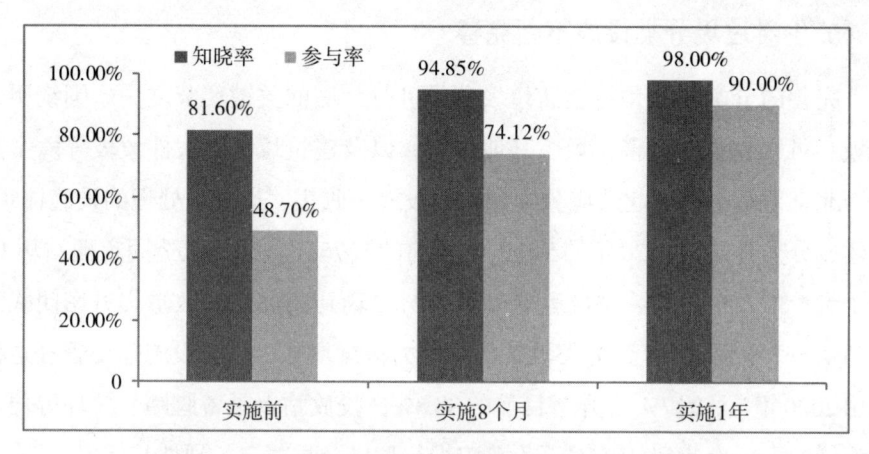

图6-9 《条例》实施前后生活垃圾日均清运量变动情况

与餐饮单位、党政机关和社会单位推行垃圾分类相比，生活垃圾分类具有涉及人员众多、垃圾种类复杂、居民素质参差不齐、执法处理难度较大等特点，以点带面推进垃圾分类全覆盖是社区独特的工作思路。一年时间，生活垃圾分类示范小区、示范村的创建活动成为社区的主要抓手，前后四批，分别创建174、192、236和233个示范小区，垃圾分类优秀社区的覆盖面不断增多。截至2021年4月底，全市共创建835个示范小区、村，其中东城区、丰台区、石景山区、昌平区、平谷区和北京经济技术开发区实现示范小区、村覆盖全区各街乡镇。社区层面践行垃圾分类新时尚的示范引领和模范带动的覆盖面明显增多。

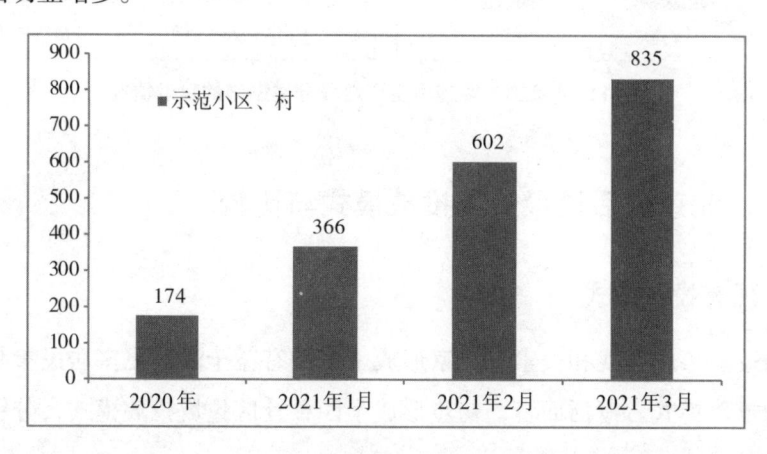

图6-10 《条例》实施后生活垃圾分类示范小区、村的创建情况

131

5. 生活垃圾分类设施不断完善

完善的分类设施是将生活垃圾分类进行到底的关键环节之一。围绕厨余垃圾、可回收物、有害垃圾、其他垃圾，以及建筑垃圾、大件垃圾等六个品类，北京市基本建立起适应分类要求的投放、收集、运输、处理的设施体系，已建成分类驿站从2020年的519座到目前的1275座，达标改造固定桶站从4.7万个到6.32万个，涂装垃圾运输车辆从2482辆到3945辆，改造提升密闭式清洁站从567座到805座，分类设施保障能力持续增强，分类设施建设管理达标率由2020年5月的7%上升至目前的88.8%，投放站点具备脚踏、拉环等便利性设施的配置率达到97.15%，为普遍推行垃圾分类奠定了硬件基础[①]。

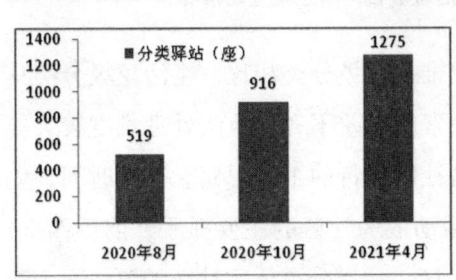

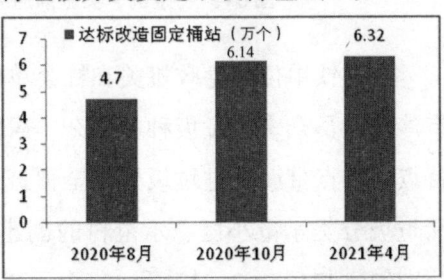

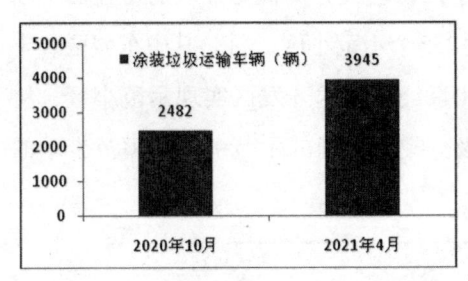

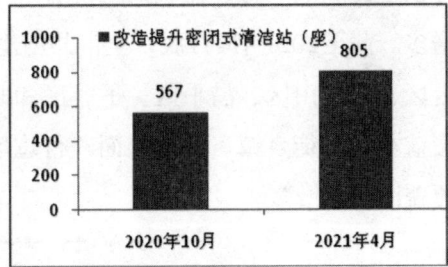

图6-11 《条例》实施后生活垃圾分类设施的建设情况

三、北京生活垃圾分类投放模式与比较

1. 现有投放模式

经过多年的实践和摸索，北京形成了多种有益于激励更多居民参与垃圾分类的投放模式。概括而言，初步形成了四种社区垃圾投放模式，分别为垃

---

① 首都垃圾分类工作再上新台阶[N].北京日报，2021-04-30.

圾驿站、定点回收、智能设备和呼叫上门。

（1）垃圾驿站

该模式通过设立驿站或小屋的人工值守方式实现集中投放生活垃圾，普遍是街道聘请的第三方公司充当"垃圾分类指导员"，在社区通过巡回指导分类和接收居民投放垃圾的基础上，兼顾数据收集和办理积分。奖励积分政策是当下大部分社区采取的激励方式，对居民每次投递的厨余垃圾进行称重和积分奖励，其投放的垃圾分类数据直接返回到系统后台。通过计量、分析和追溯，有关部门可以对垃圾分类进行更精细的分析，通过分析可从源头上达到垃圾减量。

垃圾驿站初建成本不高，服务半径较大，分类指导员现场引导，可正确指导分类投放，分类效果明显高于其他模式，但驿站选址难度大或者驿站偏远，适合住户分布密集的楼房区。

（2）智能设备

该模式凭借各式各样的智能回收装置，通过扫描二维码或刷卡的形式，打开相应的垃圾桶进行回收并积分，可分别回收纸张、塑料制品、塑料瓶、金属、织物和有毒有害垃圾等。由于柜子的容积不够大、清运不及时，让这种模式存在着一些缺憾。如有的小区回收的废品较多，智能回收设备不能满足根本回收需求，尤其是纸箱等大件，往往很快能占满整个柜体；有的小区智能垃圾回收的生产企业自主研发和投放，一旦技术或资金链出现问题，造成回收机停用，使得长期处于无法使用状态或维修状态。

智能垃圾分类回收设备，维护运营难度大、成本较高，操作比较复杂，对老年居民有一定困难。可在高校、机关单位、企业、大型商场等年轻人集中的区域设置。

（3）呼叫上门

所谓"呼叫上门"，居民通过点击微信小程序中的"呼叫回收"，选择上门地址、上门时间，在家坐等回收员上门，第三方回收公司给社区每户都免费发放带有二维码的垃圾袋，并且"一户一码"，蓝色垃圾袋用来装可以回收再生的干垃圾，绿色垃圾袋用来装瓜果、蔬菜等厨余垃圾。该模式的关键难点在于"干湿分离"，由于回收公司能够通过收集可回收垃圾，带来一定的经济利益，而厨余垃圾等湿垃圾没有经济价值，使得该模式倾向于收集可回收垃圾，有一定的局限性。

呼叫上门成本很高，需要上门的人员较多，多适合可回收垃圾。可作为一种补充手段配合其他模式使用，在可回收垃圾产生较多、人口密集的地方以及老年人居多的社区街道推广。

（4）定点回收

该模式采用"撤桶撤站"方式，定时定点流动收集，用垃圾流动收集车定时定点代为收运，强制居民分类投放。如果错过了收集车，居民可以前往垃圾驿站投放。有的社区启动垃圾集中时间投放、集中地点精拣、集中收集清运。集中时间投放，即每天早晚固定时间投放；集中地点精拣，即将小区原有的多组桶站缩减为几处投放点；集中收集清运，即安排街道垃圾分类引导员和社区志愿者引导居民分类投放、分类收集，再分别由不同的车辆送至环卫清洁站，投放至与垃圾种类相对应的垃圾箱内。

定点回收流动性强，服务半径较大且服务户数较多，但人工成本较高，定点定时的要求需要居民高度配合，可在老城区、街区等平房集中区域推行该模式。

2. 比较分析

以上北京垃圾分类示范片区及社区结合自身特点，探索创新出的一些别具一格的垃圾分类工作方法，具有切实可行的、可推广的方面，同时也要注意其应用的适应性，从而更好地发挥为全国的垃圾分类管理提供示范的作用，努力提高垃圾源头分类能力。

目前四种垃圾投放模式有着各自的优劣，还有继续完善的空间，还不能够普遍推广。垃圾分类驿站现场指导和积分兑换物质奖励方式，居民投放准确且参与热情高，但需要一定的场地和人力投入；智能垃圾桶虽然降低了投放难度，但运维成本高，广泛推行还需要一定的要求；呼叫上门让老年人扔垃圾不用下楼，但 APP 预约操作可能对老年人造成障碍，而且目前多数只能回收垃圾，难以推广；定点回收可以有效改善小区环境，降低投放难度，厨余垃圾分出率提升，但未养成定时定点投放习惯的居民可能会错过垃圾投放时间。

表6-1 北京市生活垃圾投放的四种模式

模式	典型街道社区	优点	缺点	适应性
垃圾驿站	新街口街道大乘巷教师宿舍院；八宝山街道5个"积分兑换点"；劲松街道五区"绿馨小屋"	初建成本低，分类效果好，服务半径较大	选址难度大或者驿站偏远	适合住户分布密集的楼房区
智能设备	崇外街道；建国门街道；德胜街道；八宝山街道；白领家园小区	便利小区居民，布局较为容易	维护运营难度大、成本较高	企事业单位、大型商场等年轻人集中的区域
呼叫上门	建国门街道西总布胡同；崇外街道；东花市街道；东高地街道西洼地社区；云岗街道；方庄地区；和义街道	方便老年、工作繁忙的居民	成本高，需要上门的人员较多，多适合可回收垃圾	可回收垃圾较多、人口密集及老年人居多的社区街道
定点回收	三眼井胡同；新街口街道前公用社区；苏家坨镇柳林村；牛栏山镇东范各庄村	流动性强，服务半径较大且服务户数较多	人工成本较高，定点定时要求需要居民高度配合	老城区、街区等平房集中区域

资料来源：根据媒体报道和实地调研整理

四、北京生活垃圾分类的主要经验

目前，全国46个重点城市被列为生活垃圾强制分类试点。北京一年来创造了很多鲜活的工作经验和特色做法，为提升社会文明程度和创新基层社会治理打造了具有表率意义的"北京模式"，为全国开展垃圾分类提供可借鉴、可推广的先进经验。

1. "党建引领+自治"的呼北模式

（1）具体做法

党员带头践行，成为垃圾治理生力军。呼北社区把辖区的600多名党员动员起来，组成10个居民党支部，包片、包楼、包桶站，让党员主动做分类先锋员，以身作则，积极实施垃圾分类工作。经过培训的党员志愿者走到居

135

民中间做宣传、做引导，带头践行垃圾分类，主动纠正社区居民垃圾分类不到位的行为。碰到不愿意配合的居民，通过劝说、解释、帮助和引导，逐渐培养出垃圾分类的好习惯。每个季度评选垃圾分类示范户，与参评五好家庭、文明家庭等荣誉称号挂钩。

居民普遍参与，实现垃圾分类"自治"。社区首先组织分类指导员、监督员、分拣员和志愿者进行专业培训，指导员、监督员、分拣员不定时在社区内巡逻，对社区的垃圾分类工作进行督导。呼北社区还把辖区内的两所小学、两所幼儿园动员起来，联手开展垃圾分类活动进校园活动，组建成一支由小学生、幼儿园小朋友组成的环保小卫士队伍，通过"小手拉大手"带动更多居民参与垃圾分类，居民自觉养成分类习惯。

（2）推广价值

党建引领垃圾分类同时提升社区精细化治理水平。调研发现凡是垃圾分类工作做得好的，都与强化党建引领有关。以党建为引领，在党员群体培育垃圾分类示范户，开展"美丽家园"党员先行。基层党支部发挥领导核心作用，居民、物业、业委会和社会组织等垃圾分类主体共商、共建、共治、共享，不断破解难题，多措并举推动垃圾分类工作落地见效。北京市人大常委会的执法检查数据显示，其高出率超过60%。借助垃圾治理这一抓手，北京基层精细化管理水平也将得到新的提升。

呼北模式对一些无物业的老旧小区具有借鉴意义。呼家楼街道呼北社区是20世纪五六十年代建成的一处老旧小区，是一个没有物业管理、没有规模以上社会单位、没有封闭区域的"三无"纯居住开放式小区。"党建引领社区治理——专业+自治"的呼北模式，为老旧无物业小区垃圾分类提供了借鉴。对于这些"三无"社区，居委会应充分利用社区较好的党建基础，通过榜样的先行先试和宣传倡导，以榜样的力量引领更多人参与垃圾分类实践。

2."社区党支部+物业"的互促模式

（1）具体做法

社区与物业"双向进入、交叉任职"。大兴区街道社区推动生活垃圾分类行动中，社区党支部书记进入物业公司担任质量监督员等职务，物业项目负责人进入社区党支部担任副书记等职务，社区党支部和物业公司共同发力，依托"双向进入、交叉任职"机制，物业公司提出动议，社区居委会组织召开居民代表大会或居民议事会等，三方共同讨论社区推进垃圾分类的具体措施，并达成一致，形成"三定"决议方案。

社区生活垃圾实践"分类六步法"。大兴区街道社区在广泛动员生活垃圾分类的实践中，总结出实用的"分类六步法"，即三方联席决议、入户宣传推广、定时定点投放、现场定人指导、规范分类回收和实现常态管理。物业公司经理作为社区党支部席位制副书记，在社区党支部书记的带领下，发动楼门长、志愿者共同参与，引导居民规范分类。物业公司为主体，整合第三方机构和志愿者，统筹调度分类指导员队伍。物业公司按要求配置标准化垃圾分类设施，按照不同垃圾产生比例优化配置分类回收桶数量。物业公司建立完善生活垃圾分类激励机制，推动生活垃圾分类常态化管理，实现"居家分类—定时投放—环保清运"的良性循环。

（2）推广价值

社区党组织下移基层物业是垃圾治理的重要抓手。生活垃圾分类涉及社区千家万户，作为管理责任主体之一的物业企业，需要较高的组织协调能力，然而目前绝大部分物业企业还不具备这种能力，难担此任，需要尽快帮助他们提高能力。社区干部下沉到物业，能够最大限度把党的政治优势、组织优势转化为社区治理优势，建立起社区党组织领导下的居委会、物业企业、居民自治组织等共同参与的"多位一体"协同配合机制，能够快速处置流程，共同推进居住小区垃圾分类综合治理工作。

严格落实物业的管理责任是垃圾治理的重要保证。物业管理，既与城市居民生活质量水平息息相关，同时又与垃圾治理的精细化程度相关。目前，物业管理条例的推进落实工作仍处于"爬坡期"，业委会、物管会实际作用尚待逐步发挥，物业企业作为社区垃圾分类的管理责任人，在履行生活垃圾分类主体责任方面还不到位。物业企业的管理责任的压实程度，是决定垃圾分类是否成功的关键之一，明确在垃圾分类和减量的过程中承担着具体工作。

3. "市场化运行 + 可追溯"模式

（1）具体做法

探索垃圾分类市场化运行。昌平区城北街道、城南街道、南邵镇、回天地区等部分街道探索垃圾分类市场化运行方式，引进"爱分类"等专业公司合作推进垃圾分类工作。一是依托专业垃圾互联网平台，居民通过手机扫码方式"下单"，由专业公司上门回收垃圾，并给予积分奖励，居民可通过积分兑换日常用品，让群众愿意做到垃圾分类。二是专业化运输分拣。前端专业车辆对接、分类封闭运输，杜绝混装混运情况发生。后端通过手工、机械相结合的方式，对"可回收物品袋"内垃圾进行精细分拣，实现生活垃圾减量与资源利用的最大化。

实施可追溯的数据采集。专业公司上门在每袋垃圾上粘贴溯源码，以方便后期追溯居民的垃圾分类情况，实现垃圾"溯源到户"。居委、物业、环卫部门便能及时查明纠正居民的错误分类行为。同时，贴了二维码的垃圾袋在环卫工人的手中进行专业的处理，将投递垃圾种类、重量等信息录入系统，实现生活垃圾前端产生、中端清运、后端分拣、资源利用的全过程数据链，为垃圾分类处理全过程监管提供了数据支持。

（2）推广价值

信息技术为垃圾精准分类赋能。随着互联网、物联网与人工智能的发展，以信息化的管理方式进行垃圾分类成为时代进步的表征之一。开启垃圾分类智能化模式，能有效解决人力不足、社会成本高、前期分类不到位、后期处理混乱等问题。以信息化手段增强环境治理，使垃圾分类执行工作更加科学、合理、规范，可以破解垃圾分类投放、收运、处置、监督考核等系统化管理难题，全程精准监管，加大垃圾分类全流程业务运行情况综合监督力度，逐步实现管理人员实时、全面掌握城市垃圾分类、环卫作业情况，统筹调配作业资源，多级协同处理。

市场化运作与强化主体责任并重。垃圾从分类投放到收集、消收、运输和资源利用，链条长、投入大，全靠政府来做不现实也很难做好，探索采用市场化运作模式，既能节省政府财力和精力，又能提高分类投放处置成效。

伴随着过度依赖市场化运作，也会出现弱化政府、居民和物业单位的主体责任。对居民垃圾分类做不到分类要求，最终由第三方企业进行二次分拣。街道社区和物业单位则为了追求短期功利的亮眼成绩，将本该由全体居民和各级政府承担的责任以"市场化"的方式简单转嫁给第三方企业。同时，分拣不能取代分类。

4. "垃圾不落地 + 就地处理"模式

（1）具体做法

"撤点设桶"保证垃圾不落地。来自民间的公益团队从辛庄村开始实践，及时总结经验，随后与镇政府紧密合作，在全镇各村推广垃圾不落地和垃圾分类，成功探索了适宜农村社区的"兴寿模式"。在兴寿模式中，各村启动仪式宣誓垃圾分类"今起执行"，随后数周内村干部、志愿者跟随保洁员上门收垃圾，逐户指导分类。辛庄村从当初村里17个垃圾点，垃圾点周边苍蝇、蚊虫乱飞，到开展"净村行动"，将整个村庄彻底清扫一遍，之后推行"垃圾不落地"，环卫车每天早晚两个时间段准时出现在村民家门口，村民把分好类的生活垃圾投放到垃圾车上，潜移默化地改变了村民的垃圾投放习惯。

"就地处理"确保资源再利用。随着辛庄村推广垃圾分类进入正轨，厨余垃圾分出量大增，从2018年的787吨增加到2020年的2460吨，增长了3倍多，但是由于缺乏良好的垃圾后处理方案，垃圾分类工作开始出现倒退。公益团队通过请教专家，用厨余垃圾和粉碎的农作物秸秆按比例搭配，在村里建成一处约400平方米的堆肥场统一堆肥，三个月到半年堆肥成熟后，这块土地就能变成"黑金土"，成为种植用的有机肥料。不仅实现了部分厨余垃圾不出村，而且成熟肥料可用于土壤改良和果树种植，使生活废弃物得到有效的利用。

（2）推广价值

"兴寿模式"在农村社区具有较高的推广性。引入专业的环保公益组织为垃圾分类在农村社区推广提供专业指导。村干部代表着权威性，为了增强约束力，可以将垃圾分类工作写入村规民约。公益组织则代表专业性，通过系统的团队建设、理念培养和技能培训，对村"两委"干部、保洁员分批进行专项培训，对村民则以"行动去引导"，由公益组织与村"两委"干部一起，亲自入户、亲身演示、亲手分类，面对面对村民家庭垃圾分类进行宣传指导，直到村民自身行为改变，构建广泛的社会动员体系，从而形成党组织、社会公益组织和本地志愿者共同参与的多元共治的乡村垃圾治理格局。

"就地处理"在农村社区具有较强的适用性。与城市社区相比，农村社区分类处理基础设施的发展水平相对较低，导致垃圾处理以填埋和焚烧为主，既造成了环境污染，也导致一些可回收资源被浪费。通过就地处理模式，可腐熟降解类生活垃圾可直接用于堆制有机肥，也可以倒入沼气发酵池，生产沼气。沼液和沼渣无害化处理后还可制有机肥，该模式从源头上减少了近郊农村的生活垃圾，提高了生活垃圾回收利用率，拓展了绿色循环利用渠道。

五、垃圾分类工作应关注的几个隐忧

一年来，北京市垃圾分类工作上升到了新的台阶，取得了显著成效，有力促进了健康北京、美丽北京和国际一流宜居之都的建设。随着垃圾分类工作的不断深入，可能也会出现一些隐忧，需要提前关注。

1. 持久性隐忧

从垃圾不分类，到垃圾分类，再到垃圾正确分类，养成良好的文明习惯是一道坎。目前北京居民"三率"大幅提升，知晓率、参与率和准确投放率分别达到了98%、90%和85%左右，似乎已经迈过这道坎。然而，现实情况是这一成绩的取得与各级政府的强力推动和广泛宣传动员密切相关。在一些部分社区，"垃圾桶站值守率"作为垃圾分类动员目标和效果的体现，动员居民垃圾分类行为的养成逐渐演变成了动员志愿者参与垃圾桶站值守。有的桶前值守员并未真正起到教育居民垃圾分类的作用，反而变成"帮助"和代替居民进行垃圾分类的角色。

特别是，随着生活垃圾分类正逐步从攻坚战向常态化转变，一旦集中宣传和全民动员的态势趋缓，对那些生活垃圾分类意识还不够强，图方便、嫌麻烦，甚至存在侥幸心理的居民，又会恢复垃圾混丢的行为。从已立案查处的个人违法行为分析看,发生问题的区域主要集中在缺少桶前值守的居民小区及周边道路,存在的主要违法行为包括未将生活垃圾分别投入相应标识的收集容器,随意倾倒、抛撒、堆放城市生活垃圾,违反规定倾倒建筑废弃物等。由此可见,如果良好习惯没有巩固,人的惰性就会萌生,旧习惯便始终占据主导。养成垃圾分类的居民在丢弃垃圾时看到"我分他不分"时,就会动摇这些居民坚持分类的决心,严重影响持续垃圾分类的集体行动效果。

2. 冲突性隐忧

《条例》对违反规定的个人,"教育在先、惩戒在后",先进行劝阻,拒不听从劝阻的,城管执法部门将给予书面警告,再次违反规定的,处50元以上200元以下罚款,相当于给处罚生活垃圾违规投放设置了一个"缓冲期",有利于消弭居民的抵触情绪,能够在居民逐步养成习惯的情形下,得到平稳实行。另外,小区的监督成本比垃圾分类设施的运行成本还高,使得有些社区不得不放弃监督。总体而言,现有政策措施"柔多刚少",鼓励性、倡导性、劝告性的措施多,强制性、规定性的硬核条款少。相对于低碳循环的生产生活方式,离碳达峰、碳中和的总体要求,差距还很大。当然,一味地"柔多刚少",也会在一定程度上制约垃圾分类工作的持久和源头减量的成效。

随着生活垃圾分类工作的全面深入,生活垃圾的执法将会提高刚性,但在实际工作中仍有一些亟待解决的问题。首先,《条例》虽然将垃圾进行了划分,但是由于生活垃圾种类繁多,对于具体某种垃圾属于哪类,居民客观上存在判断失误。其次,垃圾分类管理的责任人没有执法权。如果居民不履行分类投放的义务,经责任人劝导之后,最后执法还是要靠城管部门,而不是小区物业,物业大多不愿意因举报垃圾随意投放现象而得罪居民。再次,楼道等封闭区域是否为城管的执法管辖区尚存在争议,还有取证难、执行难等一系列问题摆在城管执法部门面前。另一方面,分类驿站、大件垃圾暂存点设置等"邻避效应"突出,居民担心这些设施对自身健康、环境质量带来负面影响,会激起嫌恶情结,有时会出现情绪化的反对甚至抗争行为。最后,实行生活垃圾分类投放的执法,对个人不按规定投放生活垃圾设定的罚款金额并不低,动辄罚款容易引发居民的抵触情绪,乃至诱发矛盾与冲突,影响社会和谐与稳定。

3. 经济性隐忧

垃圾分类工作是一项庞大的系统工程，涉及全体人民群众的自觉参与和相互监督，并且需要大量的垃圾分类的硬件设施设备，耗费巨大。少部分街道尚且停留在传统的处理阶段，硬件基础设施比较薄弱，一些街道的硬件配置如洗手、洗桶、排污、监控等便利性措施需要进一步改善。特别是，末端处理能力韧性不足。阿苏卫、南宫等堆肥厂处理工艺是按照混合垃圾筛下物设计的，进场原料调整为厨余垃圾后，需要进行深度的技术改造和综合提升。厨余垃圾与园林垃圾、农业废弃物等有机废物协同处置的要求日益凸显。按照2025年前实现原生垃圾"零填埋"的指标要求，仍需加快设施建设步伐，势必需要政府增加投入和补贴。2020年，为应对疫情影响，北京市实施了更大规模的减税降费，全市一般公共预算收入下降5.7%。一方面需要进一步加大垃圾分类专项经费的投入，另一方面资金缺口难以填补和资金维持困境，使得有限的财政收入对北京市垃圾分类的"首善标准"提出了挑战。

另外，与垃圾分类专项经费的投入紧张形成鲜明对比的是，有的社区盲目购置昂贵的智能回收设备和设施，陡然增加了垃圾分类的投入。智能回收设备是"互联网+"与传统垃圾分类方式结合的方式，但是它并不等于垃圾分类。引进智能回收设备已经成为一些社区的"形象工程"，似乎这就表明这些社区更重视垃圾分类工作。"科技改变生活"，它改变的可能是人们的生活方式，但更重要的是改变人们的生活理念。设置智能垃圾箱永远是辅助，如果没有帮助人们提高垃圾分类的意识，真正起到培育居民垃圾分类习惯的作用，那么这些智能设备的价值得不到体现，最终成为社区里的摆设。另外，过度依赖专业公司推动垃圾分类的现象也要引起警觉。市场化有助于加快垃圾分类进度，降低分类成本，便于监管考核，虽然短期能够取得一些成效，但弱化了政府和居民履行垃圾分类的责任，导致二次分拣代替分类，垃圾分类就处于"政府出钱、居民旁观、企业分类、交差了事"的尴尬境地，既增加垃圾分类成本、加大财政投入，还对社会主体参与产生了挤出效应，抑制了居民自觉分类行为的养成，不利于城市精细化管理和基层社会治理。

4. 协同性隐忧

从社会治理角度看，社区垃圾治理是党建引领下的多元共治。多元共治是不同于"单中心"线性思维的网络化思维的产物，它适应现代大城市治理事务的不确定性、复杂性和跨过界性质要求，正是习近平总书记所强调的构建治理共同体。通过党建引领，统筹、协调社区垃圾处理事务，通过开放式的协力机制，凝聚多方力量，协商参与，建立责任机制，塑造社区的公共价值，营造社会生活、文化共同体的联结。具体而言，街道协调指导和监督垃圾分类，为公众教育活动寻求政策、平台和资金支持；社区党委牵头成立工作小组，制订垃圾分类实施方案，明确各项任务时间节点；居委会管理责任分工、指导人员配置；物业是第一责任人，落实工作方案、建立台账和完善垃圾分类管理；居民作为执行主体，落实分类责任，监督企业行为；社会组织和志愿者为社区赋能，担当社区的驿站值守和公众教育的重任；第三方企业在垃圾回收、清运和其他数据称重记录上与街道社区开展合作。

目前垃圾分类由"市—区—街道—社区"四级组织逐级推进。有的街道在推行垃圾分类的过程中，单凭街道政府一己之力，大包大揽，单打独斗，超负荷运转，较多地发挥政府单一主体功能。从人员配置和工作职责上，街道和社区很少有专职负责垃圾分类的工作人员，基本上是身兼数职，一人承担宣传、教育、推进和监督等多项工作，往往力不从心，更无法保证分类效果。有些街道从干出政绩出发，只顾层层传导压力，出现"上热下冷"的现象，如社区在开展垃圾分类中，物业的推进工作仍处于"爬坡期"，业委会、物管会在实际工作中的作用尚待逐步发挥；桶前值守人员在现场指导和督促居民做好分类，个别守桶人员却光站着看、不指导、出工不出力。以上问题反映出街道社区在推进垃圾分类的实践进程中，部分街道社区并不能精准围绕"导航性政府"的功能性定位，没有形成社会多元力量的治理合力，必将制约着垃圾分类治理工作的长远发展。

六、进一步完善北京市垃圾分类工作的对策建议

目前，北京的生活垃圾分类正逐渐从高强度投入的"攻坚战"向常态长

效制度化的"持久战"转变。垃圾分类不可一蹴而就,贵在久久为功,常态化持续推进垃圾分类比攻坚期更需要智慧和实打实的措施。

1. 党建引领,促进社区治理绿色共治与精治

构建绿色、现代、智慧的居住环境,是社区建设的潮流和趋势。从目前垃圾分类的绿色治理的现实情况来看,在诸多的实践中,发挥社区基层和自治组织的党建引领作用,无疑是个有效的途径,既抓住了当前垃圾分类的痛点和难点所在,也最大限度发挥了党建引领在提升长效化、专业化、法治化等方面的优势,最终把垃圾分类工作推向精治。

对于一些老旧小区和不达标的社区,可以借鉴北京防疫期间街道干部下沉到社区这一工作机制,将干部下沉形成的一些好经验、好做法转化到垃圾分类工作之中,组织物业、业委会和居民代表,根据每个小区的实际情况,商讨小区垃圾分类工作方案,找准突破口、督促激励物业服务企业落实好生活垃圾分类管理人的相关责任,抓住切入点,协同推进住宅小区生活垃圾分类。对于一些达标的社区,建议成立垃圾分类联席会议制度,从而确保垃圾分类成果的长久性。联席会议主要以物业、社区居委会、各楼楼组长及党员组成,进一步强化居委会—楼组长—居民的基层治理网络,以生活垃圾分类事务居民征询制度和协商议事制度为抓手,由党员做表率带头继续保持家庭垃圾分类行为,继续发扬"垃圾分类党员义务宣传员",以"一党员一栋楼"带动社区居民共同参与的持续热情。

2. 久久为功,持续宣传和监督垃圾分类活动

实施垃圾分类的一年中,市民分类意识逐渐提高。但随着时间的推移,有些小区垃圾分类工作似乎有所松懈,"我分他不分""今分明不分"又有所抬头,存在着让这项"关键小事"出现"虎头蛇尾"的可能性。"混投没人管,就没了心气儿",将慢慢蚕食居民参与垃圾分类的热情。北京垃圾分类要有首善标准,持续有力的宣传和监督是关键,要不断保持在常态化中继续加把劲。

下一阶段,北京市在持续加大对垃圾分类的宣传和监督活动中,一是继续保持前期在提升知晓率和支持率上的宣传力度,利用电视、广播、户外

公益广告等传统手段，更新微博、微信等新媒体的宣传内容，扫清垃圾分类知识盲区，把垃圾分类的信息内容和价值信念全方位密集传达到社会不同群体。二是打造既具有宣传意义，又能展示成果的全过程体验式课堂。从前期主要对垃圾分类的意义和如何进行垃圾分类的宣传，增加诸如废弃物创意互动、垃圾分类的投放、收集、运输和处理全过程参观与体验等，并将这些体验课堂尽快进入中小学及幼儿园的垃圾分类知识课程。三是相关部门以暗访形式，分别针对核心问题组织专项督查，如城管部门可以对"垃圾分类设备装置""垃圾分类工作方案"，民政部门对"业委会物管会运行实效""分类习惯保持"，商务部门对"垃圾源头减量""可回收物回收"，教育部门对"垃圾分类课程""垃圾分类课外活动"等开展专题检查，随时收集发现的问题情况，形成常态化监督。

3. 着眼减量，形成崇尚低碳生活的社会约束

发达国家垃圾治理的一项重要经验在于明确垃圾的优先处理次序，其中源头减量即预防废弃物产生被赋予了最优先次序。我国推行的"无废城市"建设方案中指出，无废城市是一种先进的城市治理理念，旨在最终实现整个城市固体废物产生量最小、资源化利用充分、处置安全的目标，这明确了我国的垃圾分类治理的优先思路应在于"无废"。因此，垃圾分类更应该注重从源头开始崇尚低碳生活，这样也能大大减轻垃圾分类的压力。

源头减量是做好垃圾分类的重要途径，需要整体谋划。北京市下一步要着眼向源头减量上倾斜，将"倡导绿色低碳生活，推进垃圾减量"的理念融入垃圾分类的宣传活动之中，彻底改变社会心智模式以促成低碳行为的演变，从而形成崇尚"绿色低碳生活"的社会心理。同时，聚焦重点行业和关键环节，形成社会约束。践行"光盘行动"，鼓励旧货交易，加强厨余垃圾控水控杂。围绕农产品产销的各个环节，大力推广净菜上市和净菜进场，并提升菜市场的粗加工能力；加大限塑令的执行力度，要求宾馆饭店不可主动提供一次性餐具和洗漱用品等；商品销售、快递、电商平台等企业减少过度包装，禁止或限制部分一次性塑料制品生产、销售和使用；电子及快递行业要推行绿色包装和减量包装，推广原发包装和瘦身胶带等，所用纸箱要采用优化的

设计。

4. 聚焦重点，优化资源配置和资金使用效力

垃圾分类是一项公益事业也是一项民生工程，本着"利旧、节约"的原则，建立与垃圾产生量相匹配的分类收运、处置体系，准确把握垃圾增量与处理设施建设保障的平衡，科学安排处理设施建设进度和区域布局，促进资源的有效共享和合理配置。既需要配套设施的配比跟进，又需要对资金的精细化管理。既防止运行处理体系"吃不饱"，又要防止处理能力不足导致清运不及时，从而削弱居民参与分类的积极性。

下一步，北京市在资源配置上应聚焦年轻人、上班族、租住户等重点人群，以及老旧小区等重点区域，小门店、小餐饮等重点单位，强化精准宣传和指导，采取城管执法进社区等有针对性、实效性、持续性的措施，促进居民自主分类。在分类投放基础设施上，在现行分类驿站和固定桶站达标的基础上，增设洗手、洗桶、排污、摄像监控等功能，方便日常管理。加快补齐回收点、中转站、分拣中心的设施短板。为了防止徒增垃圾分类成本，建议各街道社区禁止采购豪华设备，防止以其替代对文明行为的培育。尽快修订北京市新建改建居住区公共服务设施配套建设指标等政策文件，将分类驿站和桶站建设纳入新建居住区配套设施定额标准。

5. 奖罚并举，规范执法推进垃圾分类工作

随着社区居民生活垃圾分类文明习惯的整体提高和垃圾分类工作的深入推进，过去一年来实施的"柔多刚少"政策措施要逐步向刚性过渡。过于柔性的政策在一定程度上阻碍了垃圾分类强制约束力的形成，毕竟纵观全球，即使在发达国家，国民自觉垃圾分类行为也是通过严格的惩处机制形成的。同时，对长期坚持生活垃圾分类投放的家庭与小区予以一定的奖励，激励与约束并举，以更好地建设资源节约型与环境友好型社会。

北京市下一步应在以下三个方面强化探索。一是发挥科技支撑作用，建立覆盖"全品类、全行业、全过程"垃圾分类的数字化业务现场，形成完整数据闭环，实现垃圾分类的精细化监管，为后期建立收费机制与执法提供依

据。二是探索生活垃圾计量收费机制，适时调整非居民单位厨余垃圾收费价格，践行"多排放多付费、少排放少付费、混合垃圾多付费、分类垃圾少付费"的基本理念，运用市场机制、经济手段倒逼源头减量。三是依据条例健全垃圾分类日常执法检查机制，制定生活垃圾分类执法规范化流程，按照统一的执法案由、执法依据和执法标准，完善执法文书。

第九节　退休老干部与社区治理

习近平总书记在会见全国离退休干部先进集体和先进个人代表时强调，要发挥老同志的政治优势、经验优势、威望优势。在引领社区建设和治理过程中，离退休老干部这些优势同样得以发挥，凸显出老干部在基层治理中的独特价值。离退休干部队伍是基层社区治理的一个重要而特殊的群体，在打造共建、共治、共享社会治理格局的关键环节中的角色逐渐凸显，顺义区切实加强社区离退休干部党建工作，"顺义老干部"成为东城小巷管家、西城大妈、朝阳群众、石景山老街坊等北京群众实践的又一特色名片，成为丰富社区治理思想，深化社区治理实践的典型案例。为了更好地在社区治理中发挥老干部的作用，及时发现问题、短板和弱项，课题组采取问卷调查的方式随机抽样，有效问卷218份，回收率100%，为进一步提升老干部参与社区建设的成效奠定研究基础。

一、老干部参与社区治理的价值意蕴

1. 发挥政治优势，筑牢基层党建引领的"新防线"

街道社区是党和政府联系群众、服务群众的神经末梢。广大老同志长期接受着党的培养与教育，经历了长期政治生活锻炼和各种风险考验，政治立场鲜明、辨别是非能力强，具有高度的党性自觉和突出的党员修养，有着坚定的政治信念和良好的道德品质。对于这么一支特殊的人才队伍，大部分老干部既是社区居民又是共产党员，发挥老干部的坚定信仰者、积极传播者、模范践行者的角色以及组织、凝聚和服务群众的前沿作用，成为党领导社区

治理的重要依托，既是巩固党的执政基础的需要，也是稳定社会秩序和筑牢基层治理的防线。

2. 发挥威望优势，夯实社区自治能力的"生力军"

居民是街道社区最重要的自治力量，但当前普遍现象却是一些居民对社区的认同度偏低、参与热情不够、社区生活公共服务不足。离退休老干部在人民群众中享有较高的威望，在社区获得一定的话语权和影响力，不仅影响着社区居民参与社区治理意识，还能够动员社区内的一切力量，驱动社区建设和社区管理。目前，相当一部分离退休干部已经在社区发挥积极作用，在他们的带领下，针对小区痛点难点问题以睦邻自治、民主协商形式，通过信息公开、诉求表达和信息反馈，最大限度地满足社区居民的知情权；通过建立社区的议事机制，为社区居民议事、协商、决策提供制度保障，营造"大家事、大家议、大家管"的自治氛围。

3. 发挥经验优势，创建和谐美好家园的"领路人"

关注和服务民生是社区工作的重点，是和谐社区建设的基础。老干部在长期领导管理工作中，积累了较高的组织管理经验，不少还是技术专家。他们具有为社区再做贡献的愿望和能力，通过他们的智力资源，结合社区经济、教育、人口、环境等实际情况，既能参与制订符合社区居民意愿的民生政策和公共资源分配方案，也能调动社区群众建立起更大规模的专业化民间服务社团，建成强大的社区自我服务网络，更能通过他们的监督经验，对社区公共服务实施制度化监管和全程性的跟踪评价，形成有效的社区公共资源评价机制。

二、老干部赋能社区治理的主要模式

1. 党建赋能

党建引领成为新时期社区治理及其基层秩序构建的重要政治依托。顺义区街道注重发挥离退休干部党支部的政治功能，不断拓展思想政治教育阵地，通过忆党史、颂党情，向群众宣讲党的政策精神，引导广大群众爱党爱国爱家园。如老党员成立的"五色课堂"讲师团，为社区带来"传承五四精神，不忘初心跟党走""海瑞的廉政故事""你所不知道的顺义党史"等宣讲。同时每个社区选派党性强、经验丰富的老党员，担任社区非公企业党建工作指导员，为非公企业党建工作帮智出力。目前，全区共建有42个社区非公经济组织联合党支部，89名老干部党建指导员负责指导1131家非公经济组织的党组织建设工作，有效地促进了以党建为纽带，把老干部身上蕴含的正能量真正转化为促进社区治理的内在动力。

2. 凝聚赋能

社区治理是社区中多元主体共同参与的"大合唱"，其治理的有效性取决于各种社会力量的互动效度和合作深度。作为社会精英的老干部，在社区治理中凝聚能力不言而喻。在顺义区，每个社区纷纷组建一支老党员先锋队，如"社区老干部顺气室""绿丝带志愿服务队""老党员义务指路队""潮白星火护河队""十色袖标服务队""送知识老党员服务队"等，使离退休干部有效融入社区服务、社会组织培育、居民自治。这些老干部成为整合社区资源、凝聚社会力量的核心，为促进社区文化事业发展、和谐社区建设做贡献。如今，在老干部的带动下，一些社区年轻党员干部也主动加入社区建设和治理的队伍中。

3. 议政赋能

社区自治回归是居民主体化的过程，核心是老干部参与社区议政议事与监督管理的事务，发挥着"意见领袖"的重要作用。有的社区以"居民议事厅"为平台，老干部担任议事厅主持人，推动居民对社区重大事件的发言权和决定权；有的社区将一些有威望、有能力、有公心的老干部聘为咨询议事或矛盾调解专员，以"亮身份"形式为社区居民解决实际问题，增加公众信任度；对于市民热线12345反映诉求问题，社区老干部的"金钥匙调解工作站"根据问题的复杂严重程度，依次采取调解员当场调解、相关单位和相关人员进行调解、"街乡吹哨、部门报到"的联席会议制度调解和通过法律程序解决问题的"四步走"工作方法，把问题和矛盾化解在基层。

4. 专业赋能

顺义区注意挖掘、吸收和运用好离退休干部中的专业骨干人才，将老干部的专业特长、技术等级、工作实绩等各类基本信息进行分类，为社区基层治理储备专业的"银发"资源。老干部结合自身特点和特长，如熟悉党建工作的老同志给予社区党建指导，擅长思想工作的老同志调解居民间的矛盾纠纷，专业性较强的如法律咨询、健康医疗等成立专业队伍进行一对一帮扶。有的社区成立的"老党员义务监督队"，具备履行监督的专业能力。针对工程质量、施工信息公示、安全防护措施等实行日常监督，对违规施工行为、质量隐患提出疑问，提升了老旧小区改造工程项目的廉洁性和优质性。

5. 榜样赋能

目前，老干部已经成为党员服务社区群众的榜样群体，在促进和谐社区建设中，起到了密切联系群众的示范表率作用。从顺义区水务局退下来的李书田局长成立的"星火志愿护河队"成为老干部延续专业的典范，常年坚持义务巡河护河，协助潮白河河道管理部门保护河道、监督和举报不文明现象，于2019年荣获全国离退休干部先进集体。有的社区老干部老党员进行"疏整促"工作，与社区工作者一同走入门店，排除安全隐患，被群众誉为"社区的保护神"。有的社区老干部解决社区难事要事，对小区停车难、治安隐患等突出问题，多方奔走协调。

三、制约老干部深度参与社区治理的主要障碍

1. 个人家庭等因素阻碍着参与广度

目前顺义区离休干部占7.6%，且均为相当高龄的程度，基本都是需要照顾的情况，不太可能参与社区的治理和活动。副处级以上退休干部处于中高龄阶段（70岁以上）的占32.56%，处于低龄阶段（70岁以下）占六成多，为67.44%。不可否认的是，随着年龄的增长，老年人的社会参与意愿会因身体机能下降而逐渐降低。对于老干部无法按要求参加支部学习和社区活动的原因，调查表明身体、家庭和其他原因分别占比为28.21%、23.08%和48.72%。

调查还发现一些老干部自身有退休后颐养天年、含饴弄孙的传统观念，以及承担接送孙辈和照顾晚辈家庭的现实情况，这些都对老干部参与社区治理工作产生了一定影响。

2. 社会氛围不够浓厚影响着参与热度

在影响老干部发挥作用的因素选项中，认为"社会氛围不够浓厚""缺少平台和载体""缺少组织引导""服务保障不到位"分别占35.9%、34.6%、23.1%和21.8%，集中反映了社区对老干部参与缺乏主动引导机制。有些社区负责人认为既不能对老干部提硬性要求，也不便于约束管理，老干部没有必要实实在在参与社区治理。部分老干部"单位情结"较严重，而"社区意识"较淡薄，邀请其参加活动也是为完成上级要求走走过场挂个名字，没有指望能真正发挥作用。老干部社会参与意愿是个体的主观心态与"社会需要暗示"共同作用的结果，只有当个体的主观心态与社会需求相一致的时候，才会促成积极的社会参与，缺乏浓厚的社会氛围为老干部参与社区治理的热情留下隐患。

3. 保障机制不健全限制着参与深度

针对"党建引领老干部工作向基层延伸，哪些方面工作需要加强"，48.72%的老干部反馈"在参与社区治理工作中缺少资金支持"，缺少日常性的活动平台的反馈占比为47.44%，这些都反映出现行的老干部参与社区治理工作中，社区组织方面缺乏一定的保障机制，其中资金、场地等硬件设施配备比较突出。很多老干部还表示在社区基层思想建设、组织建设、制度建设以及队伍建设等也存在一定不足，导致存在一些思想顾虑和担心：一是担心"没人管"，怕原单位把老干部交给社区后，就"人走茶凉""甩手不管"了；二是"放不下"架子，总觉得过去是机关干部，现在到社区报到变成普通党员；三是"融不进"社区，社区与老同志的志愿和能力未有效对接，表面上欢迎，实际"敬而远之"，慢慢蚕食了老干部发挥余热的热情。

4. 激励机制不完善制约着参与效度

大部分离退休党员干部离开工作岗位后在党支部或者社区的引导下，就近参与社区治理事务并发挥作用。激励因素能够激发老干部的工作热情，提高参与社区治理的工作效度。一方面，与年轻的社区干部相比，离退休老干部不存在晋升方面的动力，另一方面，对离退休干部在社区治理方面主要通过一些简单的宣传报道和社区表彰，调查表明有57.69%的离退休干部觉得自己发挥的作用没有得到社会的足够认可，涌现出的先进典型挖掘深度不够，缺少相应的精神激励。"老同志下社区"有的可能是依循其内心的精神追求，在缺乏相应激励机制的情况下，长此以往，其发挥社区治理作用的持续效度可能会大打折扣。

四、进一步提升老干部参与社区治理的建议

1. 深化双向融合，精准对接社区党组织

作为原单位党组织，要把"退休老干部党员到社区报到发挥先锋模范作用"作为参与社区治理的有效抓手，根据退休干部的实际情况，谋划工作方案，将参与社区治理工作细分为动员部署、主动联系、完成报到、开展服务和考核评价五个阶段。作为社区党组织，要做好与党员服务意愿的对接工作，街道党工委为离退休干部党建工作增配专职社工，设置"社区报到工作联络员"，负责原单位党组织与社区党组织的沟通联络，掌握老同志的能力与特长、需求与意愿，从而充分调动老同志的积极性，增强报到服务工作实效，确保报到工作规范有序进行，形成责任共担、互利共赢的双向性党建覆盖体系和服务网络。同时要重点关注空巢独居、行动不便等有特殊困难退休干部党员，让他们能够得到更大力度的关怀与帮助，感受到社区党组织的关怀。

2. 打造特色品牌，强化功能型党支部建设

街道和社区要最大限度地发挥老同志的专业与特长，建立老干部人才库，将老干部的年龄、身体状况、专业特长、技能水平等详细地登记上册。根据精力、专长、志趣等因素进行归类设置，让离退休干部党员在社区中发挥更大的引领作用，将他们凝聚起来，在解决社区自治建设等一些深层次问题上去建设一些具有功能型的党支部，激发出"一区一品"创新热情。使离退休

干部党建工作扎根基层，增强社区党建的活力，形成具有不同社区特点的离退休干部党建特色品牌，同时宣传特色品牌成效，扩大品牌影响力，带动离退休干部党建工作全面整体提升。

3. 建立长效机制，完善激励保障措施

科学高效的运行机制是做好新形势下离退休干部党建工作的重要保证。离退休干部作为社区治理的新生力量，必须坚持一切从实际出发的原则，街道应尽可能满足不同兴趣爱好、不同身体状况、不同文化程度的老干部的需求，不宜搞一刀切。一是要建立和完善离退休干部党建工作的保障机制。加大活动场所和阵地建设的投入，加大经费保障力度，让离退休干部党员有固定时间、固定场所和固定经费，常态长效地发挥好离退休干部在社区建设中不可替代的重要作用。二是要建立和完善离退休干部党建工作的激励机制。要将离退休干部的党建工作纳入单位党建责任制考核项目体系中，积极搭建政策上扶持、经费上倾斜、活动上帮助的支持平台，激励离退休干部党员以自身的"宝贵财富"创造社会价值。

4. 加大宣传力度，营造良好的社会环境

充分发挥离退休老干部的作用，既是全面落实党的老干部政策的需要，也是巩固党的执政基础的需要。一是营造老有所为的社会氛围。充分运用新媒体和互联网，多形式、多渠道地深入宣传离退休干部发挥作用的现实意义，各级党政组织要大力推广老干部参与社区治理与建设的经验做法，让全社会真正了解离退休干部发挥余热的社会价值。二是激发老干部发挥作用的热情。深入挖掘先进典型经验和突出事迹，通过召开总结表彰会，进一步扩大离退休干部先进典型的影响力。对一些离退休干部党员好的思想、好的家风、好的事迹加以宣传弘扬，在社区中形成示范的力量，为倡导中华传统美德的社区文化提供身边的素材。

第七章 城市精细化治理的"中国路径"与建议

城市的治理水平代表着一个国家治理体系与治理能力的现代化水平。新时代基层党建和社会治理的重要性被提升到了新的高度，以高标准提升城市精细化水平成为城市治理的应有之义，是历史逻辑和实践逻辑的必然，基于北京经验研究城市治理，提出我国城市治理提供"中国路径"，为新时代中国城市精细化治理提供科学指引。

第一节 城市精细化治理"中国路径"的提出

党的十九大以来，对于加强社会治理提出的构建全民共治、共建、共享的工作格局要求，以及对城市精细化管理和服务的需求日益增强，社会各界对于精细化在城市管理中的目标认识更加一致。

一方面，根据前文对城市治理的系统研究，从"治理结构—治理主体—治理过程—治理对象—治理手段—治理行为—治理控制"的治理要素出发，为达到城市精细化管理的要求，提出分别构建"整体治理、多元治理、标准治理、网格治理、智慧治理、依法治理和绩效治理"七维度的治理体系。

另一方面，北京进入新的历史阶段，通过几年的实践并不断完善，初步形成了党建统领城市基层治理的工作模式。全面创新改革街道管理体制机制，大力推进"街道吹哨、部门报到"的做法。"大数据"思维助力基层社会治理，不断强化行政综合执法实体化平台建设，创建街巷长和小巷管家等，充分发挥街道办事处在城市管理工作中的基础作用。北京在充分发挥街道、社区在城市管理中的基础性作用，全面提升城市管理精细化水平，加快形成与世界城市相匹配的城市管理能力方面探索出了一些证明行之有效的经验及措施。这些创新改革的成功经验值得推广，为指导我国城市，特别是超特大城市的精细化治理探索提供借鉴。

为此，结合北京城市精细化治理的典型实践经验，以及根据我们构建的理论分析体系，按照新时代社会治理的要求，我们提出以下适合我国特色的城市精细化治理发展的"中国路径"框架，该框架能够为新时代破解城市治理难题提供有效路径，为探索构建超特大城市治理体系提供理论指导和创新实践的方向。

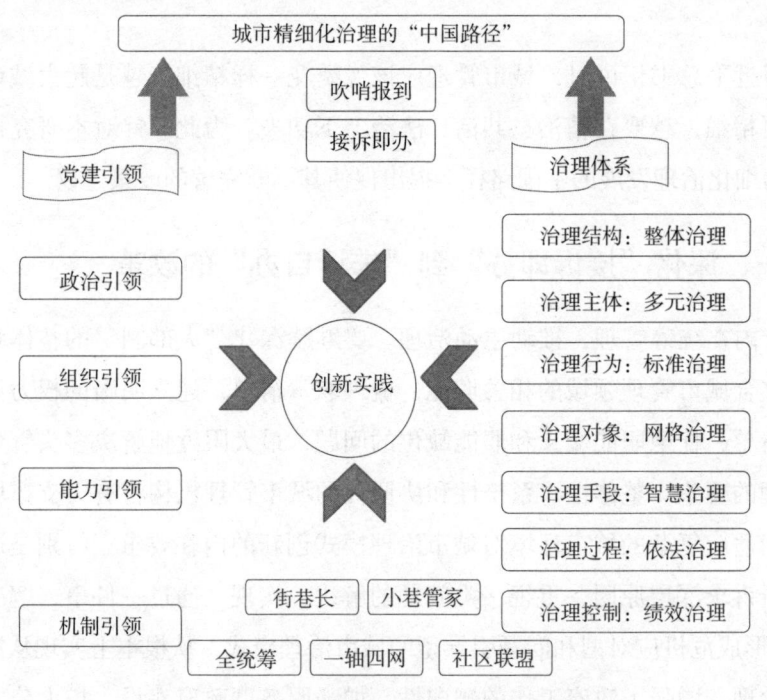

图7-1 我国城市精细化治理的"中国路径"框架

概括而言，我国城市精细化治理发展的"中国路径"是在习近平新时代中国特色社会主义思想指导下，在借鉴北京市在党建引领"吹哨报到"机制和"接诉即办"改革经验的基础上，注重系统性、整体性、协同性的创新实践方法，与"整体治理、多元治理、标准治理、网格治理、智慧治理、依法治理和绩效治理"七维度治理体系的充分融合。全方位贯彻落实"以人民为中心"的发展思想，加强党建统领的城市组织体系建设，树立"管理就是

155

服务"的理念，以问题为导向，积极回应群众关切的大小事，以"构建城市精细化治理体系"为目标，将精细化治理的要求贯穿城市规划、建设、管理等城市工作各个环节，以及覆盖垃圾分类、社区治理、城管执法等城市空间的各个领域，构建全民共商、共建、共享的协同型城市治理系统，努力实现政府治理、社会组织和居民自治良性互动，从而提高城市治理的精准性和有效性。

第二节 完善城市精细化治理"中国路径"的建议

习近平总书记说过，城市管理应该像绣花一样精细。越是超大城市，管理越要精细，越要在精治、共治、法治上下功夫。为此，针对本研究提出的城市精细化治理发展的中国路径，提出促使其不断完善的政策建议。

一、深化"接诉即办"到"未诉自办"的改革

1.内在统筹管理，推动主动治理。要继续深化"大部制"的整体政府功能，整合城市管理领域的相关职能，梳理职责清单，建立明晰的权力清单和责任清单，杜绝职能交叉和职能缺位的问题，最大限度地解决多头管理和无人管理的现象。整体性、系统性和协调性的城市管理机构将有力支撑城市政府不断适应复杂的城市环境对城市治理模式创新的内在要求。特别是通过认真分析诉求深层原因，重视一类问题的解决，实现"通过一件事，解决一类事"，形成危机应对型和问题引导型的城市治理模式，从根本上实现从源头上主动治理，增强了政府工作的靶向性。加强服务型政府建设，扩大公共服务范围，保障市民享受公共服务权益，创建城市管理服务品牌，调整优化供给结构，用优质服务产品凝聚民心民意，共同推进城市发展。

2.外在数据分析，倒逼改革深化。城市治理问题的全面性和根本性解决，获取城市问题第一手诉求信息是基础。只有获取了民众诉求信息，政府才能精准把握城市问题，更好地为民众提供管理与服务。接诉即办的数据信息的分析平台具有一般意义上的大数据特性，以信息为基础、大数据分析技术为

核心的信息平台分析是实现城市基层治理中精准治理的充分必要条件。通过大数据分析找出问题，再研究问题发生的规律，同时强化投诉风险预警，进一步加强风险预判，这样政府在"接诉即办"的治理机制体制创新的基础上，增强源头治理能力，避免出现群体性集中诉求，并制定好各种应对措施，实现未诉先办、不诉自办，让接诉即办、未诉先办、不诉自办三者有机统一，形成完整闭环，真正解决城市治理最后一千米问题。

二、持续强化党建引领社区全覆盖治理

1. 构建全覆盖的城市基层党建基本框架。一方面要加强上下联动，健全市、区、街道、社区和网格党组织五级纵向联动体系，对各级党组织和党员干部抓基层党建工作的具体内容和工作要求进行明确。另一方面加强横向联动，健全街道社区党建、两新领域党建、行业党建横向联动体系，通过构建党建共同体、党建联盟等形式，巩固党在城市的执政基础和群众基础。健全城市基层党建工作考核评价体系，强化区、街道和社区三级基层党建工作责任。区域化党建工作要通过建立双向考核评价机制压实共建责任，不断完善城市基层党建工作体制机制。

2. 以党建引领促进精治，在提质增效上下功夫。推行精细化管理不仅是城市基层治理的目标，还是管用见效的方法路径。要重点推进基层党建与基层网格治理有机融合，推动街道社区由"行政末端"向"治理枢纽"转变，最大限度发挥党的组织功能、组织优势、组织力量，在重大城市管理项目上要普遍建立临时党组织，把党建贯穿到各项工作全过程。促使党员干部担任街巷长、网格长，打造以党员为主体的小巷管家队伍，切实提高基层治理精细化水平。

3. 培植和打造城市基层党建精品。市、区两级要在鼓励基层创新的同时，加强分类指导，根据需要实施定向培植，集中力量培育和树立一批不同类型、不同层次的基层党建工作示范点，形成"一街一品、一社一品"党建品牌格局。市级层面要从不同侧面、不同角度深入挖掘典型，注重统筹安排宣传报道和推广推介，实现先进典型示范效应最大化。坚持系统谋划、整体推进，

从而形成由点到片、由片到面的工作局面，促进基层党建走向相融共生。

4. 建设社区自我管理和规范管理的标准化社区。推动城市管理重心下移，做实做强街道社区，建立健全社区基本公共服务标准体系，在社区基础设施建设与配置、社区公共环境治理、社区服务站和社区工作者管理、社区志愿服务、"网格化"管理服务等方面推进规范化、标准化，推动社区"一刻钟服务圈"建设，提升社区服务管理水平和质量。

三、不断提升精细化治理的法治化水平

1. 完善法治体系，提升政府执法水平。遵循全面依法治国战略要求，强化依法治理，完善和细化城市管理法规，立足城市管理实际，强化顶层谋划，加快完善城市管理法规体系。对城市管理各相关专业领域的法规规章进行梳理，补齐缺失的、调整错位的、废除过时的，善于运用法治思维和法治方式解决城市管理顽症难题，力争做到法规体系完备配套，为城市精细化治理提供法治保障。

2. 强化信用监管，推广"非现场执法"。妥善处理好城市服务管理与城管执法的有效衔接，实现管理和执法机构一体化设置，倡导实施"721工作法"，即70%的问题用服务手段解决，20%的问题用管理手段解决，10%的问题用执法手段解决，变被动执法为主动服务，设身处地为百姓着想，真心实意为百姓服务。用服务手段解决大部分城市问题，管理手段和执法手段只针对小部分问题。城市管理方面提倡引入信用监管，建立守信激励和失信惩戒机制，推进信用管理纳入法规体系。坚持文明执法和规范执法，推广运用新一代信息技术赋能非现场取证，出台非现场执法实施规范文件，厘清非现场执法的执法主体、处罚依据、自由裁量标准等问题，优化联合执法模式，为推动非现场执法奠定法治基础。

3. 进一步理顺管理与执法以及执法之间的边界。一方面是综合执法机构与政府职能部门的职责关系，按照中央推行地方各级政府及其工作部门权力清单制度的要求，建立健全衔接配合、信息互通、资源共享、协调联动、监督制约等运行机制。另一方面是综合执法机构与专业执法机构的职责关系，

根据执法对象和专业化程度的不同，科学合理确定综合执法机构的职责范围，明确综合执法机构与专业执法机构的职责分工。理顺管理与执法以及执法之间的边界。一方面是综合执法机构与政府职能部门的职责关系，按照中央推行地方各级政府及其工作部门权力清单制度的要求，建立健全衔接配合、信息互通、资源共享、协调联动、监督制约等运行机制。另一方面是综合执法机构与专业执法机构的职责关系，根据执法对象和专业化程度的不同，科学合理确定综合执法机构的职责范围，明确综合执法机构与专业执法机构的职责分工。

4.健全标准体系，着力推进标准化建设。按照"全面、科学、精准、可操作"的原则，建立城市精细化管理标准体系。聚焦技术标准、管理标准等方面，没有标准的要尽快制定，偏低的标准要抓紧提高，逐步实现城市管理标准的全覆盖、精细化、高水平。对于已有国家上位标准的，要抓紧研究制定或修改完善地方标准；没有国家标准的，要及时制定行业标准、地方标准，实现国家标准、地方标准、行业标准协同配套，符合精细化管理需要。聚焦环境卫生标准体系等领域，着重对有关环境卫生责任制、作业服务、监督检查和劳动定额等管理标准的编制，为精细化管理提供标准依据。以垃圾处理和污水处理关键技术、市容环境建设与改善等为重点，通过标准化和规范化管理进一步提升市容环境质量，规范环境卫生服务与管理。更新完善市政市容标准体系和环卫、燃气、供热、城市照明等行业的标准子体系，做好相关标准的组织制定。

四、加快形成全社会多元共治的新格局

1.充分发挥市民的主体作用。以城市主人翁的姿态，为破解"城市病"难题积极建言献策，参与身边环境问题解决过程，及时反馈城市管理末端问题，以共治凝聚力量。从政府的"我治理"转变为全民共治的"我们治理"，是城市基层社会治理的必由之路。在基层党组织统筹引领作用下，逐级建立问政、问需、问计于民的常态化议事平台，健全完善公共事务决策机制和矛盾调解机制，推动形成党政群共同协商、共同参与、共同治理的良好格局。

创新在党组织领导下的基层社会动员机制,借鉴北京的"西城大妈""朝阳群众""顺义老干部"等社会力量、志愿组织在基层治理中发挥积极作用的做法,培养和孕育更加广泛积极的基层社会治理力量。

2. 培育社会组织的参与。充分发挥社会组织在提供公共服务、化解社会矛盾、构建和谐社会等方面的积极作用。拓展社会组织发展空间,完善政府购买服务机制,提升社会组织承接政府转移职能事务的能力,弥补政府公共服务的不足。鼓励政府通过购买服务、设立项目资金、补贴活动经费等措施,加大对社会组织参与城市社区治理的扶持力度;建立城市社区社会组织综合服务平台,为社会组织提供活动场地、活动经费、人才队伍等方面支持;鼓励社会组织开展邻里互助、居民融入、纠纷调解等社区活动,为社区居民提供更加多样和细致的服务。

3. 强化物业与社区治理的融合。《关于加强和完善城市社区治理的意见》中将"改进社区物业服务管理"列为"着力补齐城乡社区治理短板"的五项措施之一。自此,物业管理正式纳入社区治理。新冠肺炎防疫期间,作为社区疫情防控的主要力量,物业服务人员直面潜在病患的预防最前线,为深化社区治理提供了有益经验。要充分认识到物业服务是提升社区基层治理的重要抓手,当前,物业管理与基层社会治理融合不够,物业服务质量不高、物业服务监管机制不健全,应进一步健全物业管理体制机制,通过将党组织嵌入物业服务企业,实现社区"两委"成员与物业服务企业管理层"双向进入、交叉任职",引导物业服务企业积极融入社区基层治理体系。

五、全面促进智慧赋能精准治理再升级

1. 形成以数据价值为核心的智慧城管模式。网格是精细化管理的基础,按照"统一标准、统一流程、统一平台、统一数据、统一管理"原则,统筹规划,完善市区街三级网格化管理体系。以云计算、物联网、GIS、移动通信、大数据、区块链、数字孪生等现代信息技术为依托,大力推进基础地理数据库、部件数据库、事件数据库和网格数据库等城市三维空间基础数据库建设,建立基础数据普查更新机制,适度扩充网格化管理事项和范围,逐步实现网

格全覆盖。强化市、区城市管理相关部门与网格化城市管理的协调对接，如"网格+12345热线"联动融合治理模式。通过采集、汇聚、共享海量数据，增强智慧分享能力，为强化精细化管理提供依据，形成以数据价值为核心的新型智慧城市管理模式，提高城市精细化管理效能。

2. 加快城市运行的"一网统管"。各城市应借鉴上海"一网统管"的实践经验，依托数字政府建设成果，聚集公安、城管、综治、市场监管等城市管理业务与管理成果数据，以城市楼宇、公共空间、地下管网等空间地理信息资源"一张图"服务为基础，城市管理空间地理基础数据不断汇聚与应用，形成城市管理全要素的融合。按照"一网统管"的要求，以线上信息流、数据流倒逼线下业务流程全面优化和管理创新、以技术手段倒逼业务部门开展流程再造和业务创新，全面梳理部门的工作流程和流程再造。

3. 以"城市大脑"提升治理能级。城市大脑利用云计算、大数据、人工智能等的算法和算力处理城市海量数据，进行跨部门、跨领域、跨区域的即时数据处理，协调各个职能系统，实现对源头监测、轨迹研判、执法取证等多环节的自动处置，进一步提高感知能力、认知能力、治理能力、指挥控制能力，为如渣土车治理、智慧工地监管、黑烟车抓拍、城市管理事件识别、接诉即办智能派单等多个场景提供支撑。要围绕着市政设施、城市家具、城管执法、社会治安、城市交通、环境卫生等重点领域重要场景进行拓展，实现高效治理的效能，助力城市共治共管。

六、健全精准控制城市风险的应急体系

1. 高度重视城市风险防控体系建设。目前一些城市安全基础薄弱，相继发生重特大生产安全事故，安全管理水平与现代化城市发展要求不适应、不协调的问题比较突出。面对日益复杂多变的城市风险，特别是这次疫情暴露出来的城市风险防控问题给我们敲响了警钟，需要不断加强应对现代城市的重大风险。要把城市体检作为风险防控的重要手段，对城市生产、公共设施、人员密集区域、自然灾害四大类开展风险评估，构建安全风险分级管控和隐患排查治理双重预防工作机制，建立安全风险清单，对纳入重大风险的问题

进行管理，细化制订风险管控方案，逐一梳理明确风险分级管控责任措施，强化落实重大风险联防联控机制，有效防范化解重大安全风险。

2.增强应急管理。建立处置安全生产类、自然灾害类等突发事件联席会议和信息报送制度，形成分类管理、分级负责、条块结合、属地为主的应急管理体系，整合城市各专门应急指挥平台建设，统一标准，实现各专门平台之间以及各专门平台和市总指挥平台之间的互联互通、信息共享，以此提升应急决策指挥能力。建立应急资源的统一调配使用机制，确保平时有管理，紧急情况发生时能调能用，应急保障能力全面加强，加大力度开展面向基层的应急管理知识和能力的宣传教育工作，使广大群众公共安全意识和自救互救能力普遍增强。做好应急防控下的社会动员，精确区分不同受众并分析不同特点，改变传统的说教方式，结合地区特点和区域特色，创新形式和内容，真正使广大群众从内心深处关心、支持和参与城市应急下的动员工作，从而形成政府统筹协调、群众广泛参与、防范严密到位、处置快捷高效的应急管理工作机制，使应对各类突发公共事件的能力得到显著提高。

参考文献

[1] 俞晓波.扁平化架构下的大都市政府结构研究[D].武汉：武汉大学，2014.

[2] 艾琳，王刚.大城市的政府职权配置与现代政府型构——基于深圳"强区放权"的论析[J].国家行政学院学报，2017（4）.

[3] Backus M.E-Governance in Developing Countries[J].IICD Research Brief，2001（3）.

[4] Allen G. Research on Application of Gridding Urban Management Based on Satellite Technology[J]. Geomatics World，2014（1）.

[5] Carole Rakod.Relationships of Power and Place：The Social Construction of African Cities[J].Geoforum，2005，37（3）.

[6] RepettiA，Prelaz-Droux R.An Urban Monitor as Support for a Participative Management of Developing Cities[J].Habitat International,2003,27(4).

[7] Torres L，Pina E. Governance Developments in European Union Cities：Reshaping Government's Relationship with Citizens[J].Governance，2006，19（2）.

[8] 余钟夫.北京建设世界城市的背景及面临的挑战[A].建设世界城市提高首都软实力——2010北京文化论坛文集，2010.

[9] 冯刚.走向城市综合管理是发展趋势[J].城市管理与科技，2016(4).

[10] 张有坤，翟宝辉.构建城市综合管理的标准化支撑体系[J].上海城市管理，2014，23（04）.

[11] 张璞玉.上海与东京城市管理体制机制比较及借鉴[J].科学发展，2020（02）.

［12］赵静，薛澜，吴冠生.敏捷思维引领城市治理转型：对多城市治理实践的分析［J］.中国行政管理，2021（08）.

［13］胡雅芬，刘承水，王强.北京市城乡结接合部地区环境秩序问题与对策研究［J］.北京城市学院学报，2017（4）.

［14］吴悦.安徽社会组织参与社会治理的协同机制构建［J］.中共合肥市委党校学报，2016（6）.

［15］习近平.决胜全面建成小康社会 夺取新时代中国特色社会主义伟大胜利——在中国共产党第十九次全国代表大会上的报告［EB/OL］.新华网，2017-10-27.

［16］赵乐际：推进城市基层党建创新发展［EB/OL］.新华网，2017-7-19.

［17］龚维斌.新时代中国社会治理新趋势［J］.中国特色社会主义研究，2018（2）.

［18］北京市党建研究所课题组.基层党组织与首都城市治理［J］.前线，2018（9）.

［19］孙健，赵丽丽.新时代社区党建的内在逻辑、问题指向与路径选择［J］.宁夏党校学报，2019，21（06）：49-55.

［20］王刚，赵思方.从网格化到路长制：城市基层治理精细化中的制度超越与模式创新［J］.河南社会科学，2020，28（08）.

［21］孙新军.确立"六精六细"管理理念 推动城市精细化管理水平提升［J］.城市管理与科技，2017，19（05）.

［22］李杨.新时代党建引领社区治理的三重逻辑［J］.上海党史与党建，2020（05）.

［23］韩冬雪.关于我国城市治理变革理念与实践的几个问题［J］.国家行政学院学报，2013（2）.

［24］郭理桥，林剑远，王文英.基于高分遥感数据的城市精细化管理应用［J］.城市发展研究，2012（11）.

［25］李雪松.新时代城市精细化治理的逻辑重构：一个"技术赋能"的视角［J］.城市发展研究，2020（05）.

［26］薛泽林.从约略到精准：数字化赋能城市精细化治理的作用机理［J］.上海行政学院学报，2021（06）.

［27］郑树平.功能区域分类 环境管理分级 管理就是要"立规矩"——访北京市西城区市政市容委主任刘戍东［J］.城市管理与科技，2016（5）.

［28］武文霞，刘良山，曾群华.西方企业组织理论及其发展动态［J］.区域经济评论，2010（4）.

［29］拉塞尔·M.林登.无缝隙政府公共部门再造指南［M］.汪大海，吴群芳，译.北京：中国人民大学出版社，2014.

［30］邵青，周鸿勇.无缝隙政府：城市精细化治理研究的新视角［J］.学习与实践，2020（05）.

［31］艾琳，王刚.大城市的政府职权配置与现代政府型构——基于深圳"强区放权"的论析［J］.国家行政学院学报，2017（4）.

［32］斯蒂芬·戈登斯密斯，威廉·D.埃格斯.网络化治理：公共部门新形态［M］.孙迎春，译.北京：北京大学出版社，2008.

［33］孙新军.破解"最后一公里"难题［J］.前线，2018（10）.

［34］堵锡忠.绣花一样精细：新时期首都城市管理的新要求［J］.城市管理与科技，2017，19（5）.

［35］陶振.城市网格化管理：运行架构、功能限度与优化路径——以上海为例［J］.青海社会科学，2015（3）.

［36］杨宏山.城市治理绩效评估的模式比较——以北京市朝阳区和美国巴尔第摩市为例［J］.国家治理，2015（4）.

［37］于秀琴，吴波，姜文芹."整体性治理"下行政服务中心绩效评价研究［J］.中国行政管理，2016（3）.

［38］曹坤，胡永新.习近平关于尊老敬老重要论述的文化渊源、生成机制与实践价值［J］.江西财经大学学报，2021（3）.

[39] 胡文琦，裴晓梅. 生产性老龄化背景下"老年精英"社会参与的实证研究——以北京市离退休老干部为例［J］. 老龄科学研究，2014（12）.

[40] 陈垠亭，张改. 离退休老干部在家风建设中的独特价值［J］. 人民论坛，2019（02）.

[41] 堵锡忠. 建立协调机制推进城市管理改革［J］. 城市管理与科技，2016，18（02）.

[42] 刘福元. 城管事权的法理构筑——从相对集中处罚权到大城管立法［J］. 法学论坛，2017（5）.

[43] 林拓，王世晨. 国家治理现代化下的行政区划重构逻辑［J］. 社会科学，2017（7）.

[44] 曹海军. 人员下沉、事权下移、就近管理——以天津市城市管理执法体制改革为例［J］. 行政论坛，2016（5）.

[45] 王满传，孙文营，安森东. 地方城市管理执法机构存在的问题和改革建议［J］. 中国行政管理，2017（2）.

[46] 胡颖廉. 综合执法体制和提升食药监管能力的困境［J］. 国家行政学院学报，2017（2）.

[47] 新华社. 关于坚持和完善中国特色社会主义制度、推进国家治理体系和治理能力现代化若干重大问题的决定［EB/OL］. 2019-10-31.

[48] 刘广珠. 城市管理学［M］. 北京：清华大学出版社，2014.

[49] 张毅，肖聪利，宁晓静. 区块链技术对政府治理创新的影响［J］. 电子政务，2016（12）.

[50] 王永健，汪碧刚. 探索共建共治共享的城市治理新格局［J］. 人民论坛，2017（36）.

[51] 赵金旭，孟天广. 技术赋能：区块链如何重塑治理结构与模式［J］. 当代世界与社会主义，2019（3）.

[52] 陈菲菲，王学栋. 基于区块链的政府信任构建研究［J］. 电子政务，2019（12）.

[53]李平原.浅析奥斯特罗姆多中心治理理论的适用性及其局限性——基于政府、市场与社会多元共治的视角［J］.学习论坛，2014，30（5）.

[54]余益民，陈韬伟，段正泰，赵昆.基于区块链的政务信息资源共享模型［J］.电子政务，2019（4）.

[55]明锐.区块链技术在政府环境污染治理中的应用研究［J］.环境科学与管理，2019（6）.

[56]黄俊尧."精细化"导向的城市基层治理创新[J].浙江学刊，2019(1).

[57]锁利铭，冯小东.数据驱动的城市精细化治理：特征、要素与系统耦合［J］.公共管理学报，2018（4）.

[58]孙新军.首都核心区街巷环境更新提升的实践与思考［J］.城市管理与科技，2018，20（6）.

[59]胡税根，王汇宇，莫锦江.基于大数据的智慧政府治理创新研究[J].探索，2017（1）.

[60]宋刚，张楠，朱慧.城市管理复杂性与基于大数据的应对策略研究［J］.城市发展研究，2014（8）.

[61]张英菊.城市危机管理粗放化现状与精细化转型研究［J］.广西社会科学，2016（7）.